Gottes unbequeme Freunde

Hans Conrad Zander

Gottes unbequeme Freunde

Heilige für unsere Zeit

EIN
STERN
BUCH

Fotos von Cornelius Meffert

Herausgeber: Victor Schuller
Redaktion: Sigrid Dahlhaus
Gestaltung: Dietmar Meyer/Ekkhart Blunck
Produktion: Druckzentrale G + J
Druck: Mohndruck Gütersloh

1. Auflage 1982
ISBN: 3-570-04724-5

Sri Dada Ji gilt in Indien selbst als
der größte Weise der Gegenwart. Er riet dem Autor, sich
nicht mehr um indische Gurus zu
kümmern: „Der Westen hat echte Heilige genug"

Die Gurus des Westens

Liebe Gott und tue, was du willst." An dieses Wort des heiligen Augustinus haben sich alle Heiligen gehalten. Es ist die einzige praktische Anweisung zur Heiligkeit, von der zuversichtlich gesagt werden kann: it works. Dieses Wort ganz allein steht verbindend über den unerhört eigenwilligen Lebensläufen der neun Männer und Frauen, von denen dieses Buch berichtet.

Den Anstoß, es zu schreiben, gab mir ein zehnter Heiliger. Ein lebender. Kein Christ, sondern ein Hindu. Kein Export-Guru, sondern ein Mann, den Unzählige in Indien selbst als den größten Weisen unserer Zeit verehren: Sri Dada Ji. Im Sommer 1978 habe ich ihn in Kalkutta kennengelernt.

Das war während der großen Überschwemmung. So hoch stand die Flut, daß ich einen Lastwagen mieten mußte, um bis zu jenem Vorort von Kalkutta zu gelangen, wo der Heilige lebt. Ohne Tempel, ohne Jünger. Zwischen Luxusvillen und Slumhütten ganz allein in einer kleinbürgerlichen Wohnung. Knietief im Wasser vor der Haustür watend empfing er mich mit einer Frage voll freundlicher Verwunderung: „Was fährst du hier mit einem Lastwagen in Indien herum?"

Ich war auf der Suche nach Gott; was sollte ich anderes sagen?

Mit einem breiten, fast kindlich scheuen Lachen hat der Heilige mich ausgelacht: „Um Gott zu finden, brauchst du doch keinen Lastwagen. Du brauchst überhaupt nicht in Indien herumzufahren.

Gott ist im Westen wie im Osten. Fahre heim und suche Gott in deiner eigenen Welt."

Was er damit meinte, hat Dada Ji mir erst in einer zweiten Begegnung näher erklärt. Auf keinem Lebensgebiet, so sagte mir der indische Weise, gebe es so viel Betrug und Selbstbetrug wie in der Religion. Wer sich dann auch noch aufmache, Gott in der blendenden Exotik einer fremden Kultur zu suchen, der liefere sich dem frommen Schwindel hilflos aus. Deshalb sei es ein elementares Gebot der religiösen Vernunft, Gott im eigenen Kulturkreis zu suchen, da, wo jeder das Echte vom Falschen am leichtesten unterscheiden kann: „Ich bin kein Guru für dich. Weil du mich nicht beurteilen kannst. In Indien wirst du immer nur auf Schwindler hereinfallen und auf Geschäftemacher. Kehre lieber heim in die Religion, in der du aufgewachsen bist. Es gibt im Westen echte Heilige genug."

Wie aber einen echten Heiligen von einem Scheinheiligen unterscheiden? Das hat Dada Ji mich gelehrt. Wenn man es einmal kapiert hat, ist es ganz einfach.

Nehmen wir zum Beispiel den heiligen Filippo Neri. Das ist ein römischer Heiliger des 16. Jahrhunderts. Er war eng befreundet mit dem heiligen Felix von Cantalice. Die beiden hatten nämlich einen ganz ähnlichen religiösen Geschmack: Filippo Neri war spezialisiert auf Witze über den vatikanischen Hofstaat, Felix von Cantalice auf Witze über die Raffgier des Klerus (unvorstellbar, was für Witze der heilige Felix heute im Himmel über die deutsche Kirchensteuer macht).

Aber ums Witzemachen war es ihnen gar nicht zumute, als sie, beide schon über siebzig, in den Ruinen hinterm Kolosseum saßen. „Es ist nicht mehr zu übersehen", seufzte der heilige Felix von Cantalice, „wir beide werden verehrt." „Für Heilige hält man uns", antwortete düster der heilige Filippo

Neri. Und er packte seinen Freund am Ärmel: „Felix, wir müssen etwas tun!"

Einen dicken Schlauch voll Wein haben die beiden Heiligen zusammen geleert. Arm in Arm, wie zwei alte Wermutbrüder, sind sie dann durch Rom getorkelt, von Kirche zu Kirche, Unfug treibend, unanständige Lieder singend – allen Frommen zum Skandal. Unten dann am Tiber, wo sie ihren Rausch ausschliefen, hat Filippo Neri seinen Freund beglückt in die Arme geschlossen: „Felix, das war deine beste Idee. Jetzt kommt bestimmt niemand mehr auf die Idee, uns beide als Heilige zu verehren."

Nicht daß Bescheidenheit ein sehr wichtiges Merkmal der Heiligkeit wäre. Aber sie ist das zuverlässige Kriterium, um den echten Heiligen zu unterscheiden vom Angeber, vom Geschäftemacher und – das ist in der Religion besonders wichtig – vom Spinner. Die neun christlichen Heiligen, deren Leben dieses Buch schildert, sind, was die religiöse Selbsteinschätzung angeht, alles Charaktere von der gleichen erlesenen Bescheidenheit wie mein Freund Sri Dada Ji.

Aber viel fataler als aller fromme Schwindel ist für den Menschen, der heute Zugang zur Heiligkeit sucht, ein Irrtum, dem ich zu meiner Verblüffung vor allem bei deutschen Protestanten begegnet bin. Fast unverrückbar steckt es in so einem evangelischen Schädel drin: Ein Heiliger, das könne gar nichts anderes sein als ein Mensch, der halt in Rom heiliggesprochen worden sei. Offiziell. Höchstoberhirtlich. Amtlich. Durch den Papst himself.

Beim Gotte Martin Luthers! Das ist ein Begriff von Heiligkeit, der aller katholischen Tradition widerspricht. Die größten Heiligen sind ja alle gar nicht vom Papst heiliggesprochen worden: Maria nicht, die Apostel nicht, Antonius der Wüstenvater nicht und nicht Aurelius Augustinus, der größte Kirchenvater.

Erst im Jahre 993 fand der erste Heiligsprechungsprozeß statt (Sankt Ulrich von Augsburg). Mit dieser amtlichen Prozedur wollte die Kirche zu Beginn des Mittelalters die Inflation von wundertätigen Heiligen eindämmen. Später aber wurden die Heiligsprechungsprozesse durch Mißbräuche selber unglaubhaft. Zum Beispiel wurde der heilige Sebastian de Aparicio (Fest am 25. Februar) erst heiliggesprochen, nachdem seine Verehrer das päpstliche Gericht mit siebzig Pfund Schokolade bestochen hatten.

So süß und harmlos war manche andere Heiligsprechung nicht. Im Jahre 1710 setzte sich in Deutschland der Protestant Leibniz für den Nachruhm des Katholiken Friedrich Spee ein, für einen Jesuiten, dem unzählige als Hexen verfolgte Frauen das Leben verdanken. Fast zu gleicher Zeit, im Jahre 1712, wurde dagegen in Rom der mörderische Gegentyp heiliggesprochen: Michele Ghislieri alias Papst Pius V., den die offizielle kirchliche Biographie mit den Worten rühmt: „Inquisitoris officium inviolabili animi fortitudine diu sustinuit – das Amt des Inquisitors hat er lange Zeit mit unerschütterlicher Charakterstärke ausgeübt."

Siehe, der Verfolger besitzt den amtlichen Heiligen-Schein. Der Anwalt der Verfolgten dagegen ist von der Amtskirche nichts als totgeschwiegen worden. Welcher von den beiden ist vor dem Auge Gottes der echte Heilige? Ist Heiligkeit nicht, nach Max Webers klassischer Definition, das schiere Gegenteil von amtlicher Gewalt und bürokratischer Mentalität?

Meine Vorfahren katholischerseits waren oberschwäbische Kleinbauern. Stockkatholisch waren sie. Aber nie haben sie sich um so etwas wie Heiligsprechung gekümmert. Nach eigenem Geschmack haben sie ihre Feld-, Wald- und Wiesen-Heiligen ausgewählt. Die meisten hatten keinen Heiligen-Schein aus Rom.

Und wie es meine katholischen Vorfahren mit ihren Dorfheiligen gehalten haben, so halte ich es mit meinen Heiligen. Ganz nach der eigenen religiösen Nase habe ich sie ausgewählt.

Individualistische Willkür ist das trotzdem nicht. In der klassischen katholischen Literatur über Heilige kommt keine Redensart so oft vor wie die vom „odor sanctitatis", vom „Geruch der Heiligkeit". Platonisch ist das nicht zu verstehen. Die Heiligkeit eines Heiligen muß man wirklich riechen können. Mit der eigenen Nase. Sonst nützt der schönste Heiligen-Schein vom Papst himself nichts.

Um es ein bißchen soziologischer zu sagen: Vom echten Heiligen geht ein Charisma aus. Eine sinnlich wahrnehmbare Faszination. Was dabei vom einen Menschen auf den andern überspringt, nennt die alte, ehrwürdige Liturgie des Konzils von Trient „sobriam ebrietatem Spiritus". Das heißt auf deutsch: „Gott ist ein Rausch, und zwar der einzig nüchterne."

Sri Dada Ji! Du bist der Heilige des Ostens, der mich den nüchternen Rausch der göttlichen Gegenwart verspüren ließ. Lache mich bitte nicht aus, wenn ich dieses kleine und (siehe oben) bescheidene Büchlein über die Heiligen des Westens zu deinen Lotus-Füßen respektvoll niederlege.

Hans Conrad Zander

Vierzehn Päpste hat er überlebt,
hat über alle seine Witze gerissen und keinem gehorcht.
Filippo Neri, der „Narr in der
Soutane", ist das enfant terrible unter den Heiligen

I

Filippo Neri
Die Lust, fromm zu sein

Von Beruf war der heilige Filippo Neri Stadtstreicher. Aber das ist es nicht, warum so mancher ihn heute anruft als Schutzpatron gegen den Stress des modernen Berufslebens. Es ist etwas anderes: Filippo besaß schon zu Lebzeiten das äußerst seltene „Charisma der Trilokation". Auf deutsch: Dieser Heilige hatte die wunderbare Fähigkeit, an drei verschiedenen Orten gleichzeitig anwesend zu sein.

Heißt das, daß Filippo Neri einer von jenen komischen Heiligen ist, die die Menschheit zum Narren halten? Ja und nein. Über die Welt lustig gemacht hat er sich sein Leben lang. Aber ein echter Heiliger ist er trotzdem. Dafür gibt es einen unfehlbaren Beweis: Der Papst hat ihn heiliggesprochen. Und das hätte er bestimmt nicht getan, wenn es sich irgend hätte vermeiden lassen. Den größten Spaß hatte Filippo Neri nämlich daran, sich über den päpstlichen Hof lustig zu machen. Und das unter der Nase des Heiligen Vaters. Mitten in Rom.

Es sind die letzten lustigen Jahre im Rom der Renaissance. Schon ist in Deutschland die lutherische Empörung über das römische Sündenbabel losgebrochen. Schon sind 1527 die Landsknechte des Kaisers über die Ewige Stadt hergefallen wie jenes „Schwert der göttlichen Rache", das der Bußprediger Savonarola als Strafe für die Dolce vita Papst Alexanders VI. prophezeite.

Nein, so toll wie zu Zeiten dieses Borgia ist die Stimmung in Rom längst nicht mehr, als sich Filippo Neri dort herumtreibt. Aber gebrochen ist die

Lust der Römer am heidnischen Sinnestaumel noch nicht. Im Jahre 1541 ist es immer noch möglich, daß Papst Paul III. die betörendsten „Sängerinnen" von Rom einlädt zum Maskenball im Vatikan. Und noch im Jahre 1550 verleiht Papst Julius III. seinem Lustknaben Innocenzo del Monte den Purpur der Kardinäle. Dazu die Pfründen des päpstlichen Staatssekretariats und eine Rente von 12 000 Dukaten. Der schöne neue Kirchenfürst ist nach eigenen Angaben gerade 17, wahrscheinlich aber erst 15 Jahre alt.

Was der päpstliche Hof vorlebt, das lebt die Stadt ungeniert nach. Im überschwenglichen Festrausch feiert das ganze römische Volk die Hochzeit zwischen Margaretha, einer unehelichen Kaisertochter, und Ottavio, einem Papstenkel. Noch später, nach manchen strengen Reformen, gewinnt ein so sachlicher, zurückhaltender Beobachter wie der französische Philosoph Montaigne den Eindruck, daß in dieser Stadt „kaum einer ist, der von seiner Hände Arbeit lebt".

Und alle leben auf der Straße. In abenteuerlicher Weise wimmelt es in den römischen Gassen von jungen Männern, die unter keinerlei Leistungsdruck stehen: Gaffer, Gammler, Galgenstricke, Schelme, Schwindler, Schurken, Schufte, Taugenichtse, Tunichtgute, „Tagediebe vogelfrei". Und mitten unter diesem Lumpenpack wie ein Fisch im Wasser der „Tagedieb Gottes", der heilige Filippo Neri.

Mit 17 ist er 1532 zu Hause in Florenz abgehauen. Zuvor hat er noch das Pergament mit dem Familien-Stammbaum seines Vaters, eines heruntergekommenen Notars, verbrannt. Dann ist er südwärts getrampt, im Herzen nichts als die romantische Sehnsucht nach Freiheit und Abenteuer. Der Ausreißer aus Florenz wird Stadtstreicher in Rom.

Was treibt im Rom der Renaissance ein Jüngling voll Sehnsucht und ohne Geld? In kalten Nächten rollt er sich in Kirchen zusammen und in einem

Mit siebzehn Jahren zerfetzte
und verbrannte Filippo Neri vor den Augen seines Vaters
den Familienstammbaum. Dann riß
er zu Hause in Florenz aus

verlassenen Schuppen am Zoll. Die lauen Nächte verbringt er unten am steilen Ufer des Tiber oder drüben in den verwunschenen Ruinen des Kolosseums. Seine Tage aber verschwatzt und verlacht er in jenen engen Gassen zwischen dem Campo de' Fiori und dem Ponte Sant' Angelo, die, obwohl dem Vatikan so nahe, noch heute übel beleumdet sind. Damals ist es das Quartier, in dem so schlimme Männer verkehren wie Michelangelo.

So ist denn selbst in kirchlichen Berichten festgehalten, daß der heilige Filippo Neri „sein Leben lang außerordentlich sensibel blieb für den Charme junger Männer". Daß er dagegen im Umgang mit den schönen Frauen Roms erst im hohen Alter charmant wurde. Daß er selber ein ungewöhnlich schöner Jüngling war, zartgliedrig und begnadet mit den blauen Augen der Florentiner.

In dubio pro sancto – im Zweifel für den Heiligen. Halten wir es mit seinem besten Biographen, mit Pater Louis Ponnelle, der Filippos wilde Jugendjahre in die Nähe von Platos „Gastmahl" rückt. Da, wo der junge Alkibiades bekennt: „Ich lag die ganze Nacht mit Sokrates umschlungen. Und nichts geschah." Wenn aber doch etwas geschah in jenen lauen römischen Nächten am Campo de' Fiori? Dann spricht das nicht gegen den Heiligen. Warum sollte im Neuen Testament Sünde sein, was den Propheten im Alten Testament erlaubt war? Wie denn geschrieben steht, aus König Davids Munde, im 2. Buch Samuel: „Ich habe dich sehr gemocht, mein Bruder Jonathan, und deine Liebe war mir köstlicher, als Frauenliebe ist."

Von abertausend andern Stadtstreichern und Gassenlümmeln im Rom der späten Renaissance unterscheidet Filippo nur eines. Er ist fromm. Und zwar nicht nur ein bißchen fromm, verschämt und irgendwie. Maßlos fromm ist der junge Filippo Neri. Fromm bis über beide Ohren.

Es ist wichtig, daß wir uns jetzt alles aus dem Kopf schlagen, was heute im Zeitalter der rationalistischen Verklemmung als Frömmigkeit gilt. Im besten Fall ist das ein windiges Gefühlchen. Bei Filippo Neri ist es das Gegenteil. Bei ihm ist Frömmigkeit eine elementare Leidenschaft der menschlichen Natur.

Wie ein Süchtiger pilgert er von einer römischen Wallfahrtskirche zur andern. In seliger Trance verbringt er ganze Nächte vor dem Allerheiligsten Sakrament.* Überkommt ihn der Rausch der göttlichen Liebe, so stößt er manchmal nur einen Schrei aus. Dann wieder springt und tanzt er durch die Kirche in wahnsinniger Verzückung.

Schon der Anblick eines Kruzifixes genügt, damit er ausbricht in Ströme von Tränen. Er reckt die Arme hoch zum Himmel – und bringt sie nicht mehr herunter. Man kann ihn dann anschreien, ihn schlagen – er nimmt es nicht wahr. Bewußtlos, reglos steht er da, entrückt in die Ekstase. Voll jugendlicher Sehnsucht schweift er durch die Campagna, die sommerliche Landschaft um Rom. Draußen an der Via Appia verschwindet er tagelang in den Katakomben. Und wenn ihn einer fragt, was er denn habe, so gibt er nur eine Antwort, stets die gleiche: „Ich bin wund vor Liebe zu Gott."

Aus Florenz ist er ausgerissen nach Rom. Aber in Rom überkommt ihn eine neue Sehnsucht: Er hat von Indien gehört. Ein alter Mönch rät ihm ab: „Bleib hier, Filippo. Le tue Indie sono a Roma. Dein Indien ist in Rom."

Vielleicht hätte Filippo Neri wirklich nach Indien fahren sollen. Denn seine Gotteserlebnisse sprengen den christlichen Rahmen. Bis ins Detail stimmen sie überein mit den Berichten über die Ekstasen der großen Hindus seiner Zeit. Wie ein Bruder gleicht

*Zu bestimmten Andachten wird in katholischen Kirchen die geweihte Hostie auf den Altar gestellt und angebetet

Im Rom der späten Renaissance
wurde der Ausreißer aus Florenz Stadtstreicher. Mit
Vorliebe verschlief, verlachte und verschwatzte
er die lauen römischen Nächte in antiken Ruinen

ihm Sri Krischna Caitanya, der Heilige aus Bengalen, der das Bhakti-Joga geschaffen und schrankenlose Liebe zu Gott gepredigt hat.

Wenn Krischna Caitanya die Gegenwart Gottes überkommt, dann zittert er am ganzen Leib. Die Haare stehen ihm zu Berge. Der Schweiß bricht ihm aus. So ist es auch bei Filippo Neri.

Dann wieder erstarrt Krischna Caitanya vor dem göttlichen Geheimnis. Sein Körper wird steif und empfindungslos. So ist es auch bei Filippo Neri.

Dann wieder überwältigt die göttliche Liebe Krischna Caitanya wie ein maßloser Rausch. Er singt, er schreit, er tanzt. So ist es auch bei Filippo Neri.

Gott hat den Menschen für diese Welt geschaffen. Wer allzusehr den Himmel schon auf Erden erleben will, der muß dafür bezahlen. Im trunkenen Taumel der göttlichen Begeisterung ist Sri Krischna Caitanya 1534 in den Fluß Jumna getanzt und dabei ertrunken.

Auch Filippo Neri ist im Rausch maßloser Frömmigkeit fast zu Tode gekommen. 1544, im Alter von 29 Jahren, erlebt er Gott mit solcher Leidenschaft, daß ihm das Übermaß religiöser Gefühle buchstäblich die Brust zerreißt. Einige der besten römischen Ärzte haben ihn danach untersucht. Nach ihrem Befund hat sich das Herz des Heiligen durch übermäßigen Blutandrang so anomal erweitert, daß mehrere Rippen aus den Knorpeln, in denen sie verankert sind, losgerissen wurden. Wie eine Beule steht Filippos Herz fortan aus der linken Brustseite vor.

Ekstasen gehabt hat mancher Heilige. Aber dazwischen liegen bei den meisten lange Perioden der seelischen Trockenheit und Gottesferne. Das klassische Beispiel dafür ist der spanische Mystiker Johannes vom Kreuz.

Ganz anders der heilige Filippo Neri. 80 Jahre ist er alt geworden. Aber zu keinem Zeitpunkt läßt in ihm der Überschwang göttlicher Gefühle nach. Im Gegenteil: Die Ekstasen nehmen zu.

Seit der Herzerweiterung bereitet ihm aber jede Ekstase starke Schmerzen. Verzweifelt versucht er deshalb, sich von der Religion abzulenken. Zum Beispiel durch die Lektüre unseriöser Romane. Hilft alles nichts. Die Frömmigkeit ist stärker. Mit Urgewalt reißt sie ihn immer wieder fort in den Rausch göttlicher Verzückung.

Und in peinliche Situationen. In späteren Jahren, als er ein kleines Zimmer am Campo de' Fiori bewohnt, finden ihn seine Freunde manchmal morgens reglos neben dem Bett stehend. In der einen Hand hält er den Rock, den er eigentlich anziehen wollte. So starrt der heilige Filippo Neri nackt, wie Gott ihn schuf, zum Himmel der Heiligen empor.

Wie reagiert das gottlose Lumpenpack in den römischen Gassen auf ein solches Naturgenie der Frömmigkeit? Nicht anders, als die meisten von uns auch reagieren würden: Man lacht ihn aus.

So wenig gilt die Frömmigkeit im Rom der Renaissance, daß manche Gläubigen nur noch heimlich, durch Seiteneingänge, in die Kirchen schleichen. Am Hauptportal würden sie von den Straßenjungen angepöbelt. Und in den Kirchen selbst? Ein päpstliches Edikt aus dieser Zeit beklagt, daß „eine überaus große Zahl von Priestern" nur noch „Gelächter hervorrufen", wenn sie am Altar stehen. Entweder haben sie keine Ahnung, wie man Messe liest und machen alles verkehrt. Oder sie treiben absichtlich Unfug. Statt der heiligen Wandlungsworte – „dies ist mein Fleisch, dies ist mein Blut" – ist zum Beispiel die lästerliche Formel im Schwang: „Brot bist du, Brot bleibst du."

Es gibt eine Reaktion gegen diese Verhöhnung der Religion in der Hauptstadt der Christenheit. Sie kommt von ganz unten. Das sind die sogenannten „eremiti".

Keine Einsiedler sind das, sondern selbsternannte Bußprediger aus dem Volk. In härenen Gewändern

In diesem winzigen Zimmer am
Campo de' Fiori in Rom hat Filippo Neri lange gelebt.
Hier entstand das „Oratorium", die
freieste Ordensgemeinschaft der katholischen Kirche

Ignatius von Loyola, streng und
humorlos, machte alles anders als Filippo Neri. Um „die
gesamte Welt" zu „unterwerfen",
schuf er die disziplinierte Kampftruppe der Jesuiten

sitzen sie auf den Straßen und Plätzen Roms herum und rufen, finsteren Gesichts, den Weltuntergang auf das päpstliche Sündenbabylon herab.

Auch Filippo Neri gilt als „eremita“, weil ja auch er ein junger Mann aus dem Volk ist, der ganz aus eigenem Antrieb, ohne Priesterweihe, ohne Mönchsgelübde, ohne jeden kirchlichen Auftrag in den Kirchen und auf den Straßen Roms fromme Zustände hat.

Und doch unterscheidet sich der Florentiner radikal von den angestammten „Eremiten“ Roms. Einmal denkt er nicht daran, sich mit einem härenen Büßerrock zu quälen. Vor allen Dingen aber ist er nicht beleidigt, wenn sich die Leute über seine Frömmigkeit lustig machen. Im Gegenteil.

Sobald er aus seinen Ekstasen zu sich kommt und die Lümmelbande um sich herum lachen sieht, lacht er erst mal herzlich mit. Dann gibt er zurück. Da er aber ein Florentiner ist und somit wesentlich geistreicher als die Römer, hat er die Lacher im Nu auf seiner Seite.

Er macht Witze über sich selbst, Witze über den Papst und Witze über die Kardinäle. In dem völlig verweltlichten Rom der Renaissance fühlt dieser fromme junge Mann sich als „Narr Gottes“. Und es ist ihm in dieser Rolle wohl.

Wie das zusammenpaßt, sein frommes Herz und sein freches Maul, das weiß er selber nicht. Aber die Römer sind begeistert. Einen Heiligen mit Witz, einen Frommen, der nicht dauernd über die ganze Welt beleidigt ist – so etwas haben sie noch nicht erlebt.

Unzählige Filippo-Neri-Witze sind überliefert. Kaum einer ist heute noch berichtenswert. Weil keiner uns mehr zum Lachen reizt. Auch „Don Quijote“, das lustigste Buch des 17. Jahrhunderts, nötigt uns ja höchstens noch ein müdes Lächeln ab. Denn nichts ist älter als ein alter Witz.

Fremd sind uns auch die „Kleiderwitze" des heiligen Filippo Neri. Etwa wenn er, als Kardinal kostümiert, durch Rom stolziert, mit einem Gefolge von Straßenjungen, die ihm johlend die Schleppe halten. Oder wenn er den Barbier in die Kirche bestellt und sich, mitten in der heiligen Messe, mit eitlen Faxen frisieren läßt. Das Rom der Renaissance aber hat über den „Narren Gottes" so begeistert gelacht wie das barocke Spanien über Cervantes' närrischen Ritter.

Es kommen die Jahre, in denen selbst den Römern das Lachen über die Frömmigkeit vergeht. 1537, fünf Jahre nach Filippo Neri, ist ein anderer, ein höchst ungemütlicher Heiliger in Rom angekommen: Ignatius von Loyola, der Gründer des Jesuiten-Ordens. Der gelernte Offizier hat nicht die Absicht, in Rom als Stadtstreicher herumzugammeln. Spanische Ordnung will er bringen in den italienischen Sauladen. Das ist sein heiliger Ernst.

Aus Angst vor Martin Luther erläßt derweil Papst Paul III. ein Reform-Dekret nach dem anderen. Noch denkt niemand daran, sich an so humorlose Erlasse zu halten, am wenigsten der Papst selbst. Aber die Stimmung ist hin. Unversehens packt den Vatikan so etwas wie ein transzendentaler Katzenjammer. Die Römer spüren es: Das süße Leben der Renaissance geht einem frommen Ende zu.

Wenn Ordnung gemacht wird, in der Kirche oder im Staat, fängt das allemal zuunterst an. Ganz unten sind in Rom die „eremiti", die selbsternannten Straßen-Apostel aus dem Volk. Wie kommen diese Leute überhaupt dazu, ohne Priesterweihe, ohne kirchenamtliche Genehmigung, Religion zu treiben? Ist das nicht protestantisch? Einer nach dem andern werden die „eremiti" am Wickel gepackt und in Klöster gesteckt.

Filippo Neri freilich ist inzwischen so etwas wie der Stadtheilige von Rom. Man kann ihn nicht einfach aus dem Verkehr ziehen. Also versucht man, ihn einzubauen in die kirchliche Hierarchie. 1551 ist es soweit: Der Stadtstreicher Filippo Neri, 36jährig, wird – ohne nennenswerte Vorbereitung – zum Priester geweiht.

Bis zuletzt hat er sich dagegen gesträubt. Hauptsächlich aus Angst, daß ihn beim Messelesen Ekstasen überkommen. In der Tat wird selbst die Stille Messe (die nicht gesungene Alltagsmesse) bei Hochwürden Filippo nicht zwanzig Minuten dauern wie bei anderen Priestern, sondern vier Stunden. Immer wieder hält er inne, starrt entrückt zum Himmel empor oder tanzt verzückt um den Altar.

Nach der Priesterweihe bekommt Filippo Neri vom Vatikan die Auflage, einen festen Wohnsitz nachzuweisen. Er zieht in eine Dachkammer mitten in seinem anrüchigen Stammquartier, neben der Kirche San Girolamo della Carità. Binnen weniger Jahre wird diese Gammlerbude zum religiösen Mittelpunkt von Rom.

Acht Leute haben darin Platz sowie Filippos Katze. Er selbst sitzt gewöhnlich auf dem Bett, läßt die Füße herunterbaumeln und liest etwas Frommes vor. Dann steht irgendeiner auf – niemals ein Priester, stets ein Laie, oft sogar ein Kind – und predigt spontan über das Gehörte. Zum Schluß erfüllen die „Laude", die süßen Melodien der alten italienischen Frömmigkeit, die winzige Kammer des Heiligen. „Oratorium" nennt sich ein solcher spontaner Gottesdienst.

Draußen auf der Treppe drängt sich das Volk. Nach einer Weile zieht die fromme Gemeinde um in den geräumigen Dachboden der Kirche San Girolamo. Ein paar jüngere Priester, begeistert von der Art, wie Filippo mit den Leuten umgeht, lassen sich im selben Haus nieder. Ohne Regeln, sogar ohne gemeinsame Mahlzeiten – Filippo hat seine eigene Pfanne auf der Bude – leben sie um den Heiligen herum. Auch diese Wohngemeinschaft nennt sich „Oratorium".

Das ist ein altes katholisches Wort („orare" heißt auf lateinisch beten). Ein schönes Wort. Aber niemand versteht es mehr. Es bedeutet recht genau das, was die indiengläubige Jugend heute unter einem „Aschram" versteht.

In Neapel und in Mailand, in Paris und in Warschau, schließlich in der ganzen katholischen Welt werden später nach diesem römischen Vorbild „Oratorien" entstehen: Häuser, wo sich Leute mit dem gleichen frommen Geschmack zwanglos treffen können, und wo ein paar Priester ebenso ungebunden zusammenleben. Mönchsgelübde wird es nie geben. Die Organisation ist fast Null. Und doch haben diese Stätten zwangloser Frömmigkeit den Geist des heiligen Filippo Neri durch die Jahrhunderte verbreitet.

Am römischen Oratorium orientieren sich die beiden großen französischen Verkünder einer menschenfreundlichen Religiosität, Franz von Sales und Vinzenz von Paul. John Henry Newman, der bedeutende englische Kardinal des 19. Jahrhunderts, ist Filippos Jünger. In unserem Jahrhundert ist Papst Johannes XXIII. geprägt vom Geist des heiligen Filippo Neri.

Der „gute Papst Johannes" wurde einmal gefragt, wie er seine Entscheidungen fälle. „Ganz einfach", gab er zur Antwort, „ich überlege mir jedesmal, was jetzt mein Vorgänger (Pius XII.) täte. Und dann tue ich das Gegenteil." Diesen Witz hatte Papst Johannes vom heiligen Filippo Neri. Der hat sich nämlich, während das römische Oratorium entstand, immer wieder überlegt, was jetzt der heilige Ignatius täte, der Gründer des Jesuiten-Ordens. Und dann hat er das Gegenteil getan.

Der heilige Ignatius verlangt von seinen Jesuiten „Kadaver-Gehorsam". Der heilige Filippo Neri ver-

Filippo besaß die wunderbare
Fähigkeit, an drei Orten gleichzeitig anwesend zu sein.
Heute wird seine Totenmaske auch
an drei Orten verehrt: in Rom, in Florenz und in Neapel

steht unter Autorität das Gegenteil: „Gehorsam verschaffe ich mir dadurch, daß ich keine Befehle erteile."

Der Spanier Ignatius kommt mit der italienischen Lebensart so schlecht zurecht, daß er nach siebzehn Jahren Rom die italienische Sprache immer noch radebrecht, daß Gott erbarm. Dafür ist bei ihm alles „weltumspannend". „Mein Wille ist es", läßt er Christus sagen, „die gesamte Welt und sämtliche Feinde zu unterwerfen."

Wie ein Generalstabschef plant er von Rom aus die Eroberung von so Ländern wie Brasilien und Japan.

Filippo Neri dagegen plant höchstens Ausflüge in die Weinberge um Rom. Hunderte von Römern wandern mit ihm hinaus zu diesen sommerlichen Picknicks. Eine Kolonne von Maultieren ist auch dabei, mit Chianti beladen und mit Salami und mit süßem Gebäck. Was er selber schmecken, riechen und berühren kann, das interessiert den heiligen Filippo Neri. Sonst nichts.

Der heilige Ignatius von Loyola ist zu seinen engsten Mitarbeitern unerträglich. In neun Jahren, beklagt sich sein Sekretär Pater Polanco, habe er „kaum ein gutes Wort gehört".

Filippo Neri dagegen herzt und küßt jeden, der ihm in die Arme kommt. Gelegentlich sogar den heiligen Ignatius. Und jeder möchte von Filippo geherzt und geküßt werden. In Rom hat es sich nämlich herumgesprochen, den heiligen Filippo Neri zu berühren sei gut gegen Rheumatismus.

Im Jahre 1595 erkrankt Papst Klemens VIII. schwer an der Gicht. Filippo wird deshalb in den Vatikan gerufen. Stundenlang hält er die Hand des Papstes. Als das nichts nützt, steigt der 80jährige Filippo Neri kurzerhand zum Papst ins Bett und legt sich, ohne jeden Respekt, keuchend dem Heiligen Vater auf die Brust. Die Kardinäle sind aufs äußerste befremdet. Papst Klemens VIII. aber ist von Stund an wunderbar geheilt.

Was lehrt uns das?

Es lehrt uns, daß jeder von uns am besten dadurch heilig wird, daß er alles anders macht als der nächstbeste Heilige. Um diese alte katholische Weisheit unfehlbar zu bekräftigen, hat Papst Gregor XV. am 12. März 1622 – am selben Tag und zur selben Stunde – den Ignatius von Loyola und den Filippo Neri im Petersdom gemeinsam heiliggesprochen.

Sein letztes Wort auf dem Schafott war ein Scherz. Thomas More, der Kanzler Heinrichs VIII., beugte sich der Willkür des Staates nicht und ging für sein Gewissen in den Tod

II

Thomas More
Die Gewissensprüfung

Man hatte Sir Thomas More einen Stock gegeben. Denn er wollte stehen vor dem königlichen Gericht am 1. Juli 1535 in Westminster Hall. Aber nach mehr als einem Jahr im Kerker des Tower war er so geschwächt, daß ihn, der vor drei Jahren noch Kanzler von England war, jetzt kein Stock mehr aufrecht hielt. Da brachten sie ihm einen Stuhl.

Er braucht ihn nicht lange. Weniger als eine Viertelstunde berieten die vierzehn Geschworenen. Dann waren sie sich einig über den einstigen Freund und Kanzler König Heinrichs VIII.:

„Schuldig des Hochverrats" – schuldig, katholisch zu sein.

Auf der Stelle begann Lord Audeley, Nachfolger Thomas Mores im Kanzleramt, die Strafe zu verkünden:

„Man schleife ihn vom Tower durch Londons City zur Galgenstätte von Tyburn. Dort knüpfe man ihn auf, bis er halb tot ist. Es werde ihm sodann, lebendigen Leibes, das Geschlechtsteil abgeschnitten, der Bauch aufgeschlitzt, das Eingeweide herausgerissen und verbrannt. Danach soll man ihn vierteilen und jedes der vier Teile auf einem der vier Tore Londons zur Schau stellen. Sein Kopf jedoch werde auf der Londoner Brücke aufgespießt."

Plötzlich hielt Lordkanzler Audeley inne. Mitten während der Verlesung des Bluturteils hatte sich Thomas More von seinem Stuhl erhoben: „Mylords!"

Es war das heiligste Recht eines Angeklagten in England, unmittelbar vor der Verkündung des Strafurteils noch einmal das Wort zu ergreifen, „sein Gewissen zu erleichtern" und so wenigstens eine Milderung des Strafmaßes zu erwirken.

Dieses elementare Recht des Angeklagten hatte Lord Audeley übergangen. Aber nicht aus Willkür. Beim besten Willen konnte sich kein Richter in Westminster vorstellen, daß Thomas More noch etwas sagen wollte. Zu lange hatte dieser gelernte Anwalt und Richter geschwiegen und aus dem Schweigen das Prinzip seiner Verteidigung gemacht. Eben noch, zu Beginn der Verhandlung, hatte er erklärt: „Kein Gesetz der Welt, auch kein neues englisches, kann einen Menschen, der nichts gesagt und nichts getan hat, für bloßes Mundhalten vom Leben in den Tod befördern."

Geschwiegen hatte er schon 1532, als König Heinrich VIII. die Kirche Englands losriß von Rom, um die Scheidung von Königin Katharina und seine Heirat mit Anna Boleyn durchzusetzen. Ganz England wußte, was der Kanzler dachte. Aber er sagte nichts. Schweigend zog er sich, mit 54 Jahren, von den Staatsgeschäften zurück in sein Haus an der Themse in Chelsea.

Geschwiegen hatte er noch im April 1534 im Palast zu Lambeth vor den Lords. Zwar weigerte er sich, den verlangten Eid zu schwören, daß er die Lösung der Kirche Englands von Rom für rechtens halte. Aber er nannte für diese Weigerung keine Gründe. Er war nur bereit zu erklären, daß dies für ihn eine Sache des Gewissens sei.

Um dieses Gewissen zu prüfen, hatte ihn König Heinrich darauf im Tower gefangengesetzt und eigens für ihn einen Prüfungsausschuß einberufen, dem die wichtigsten Männer des Reiches angehörten: Erzbischof Cranmer, Lord Audeley, Schatzkanzler Thomas Cromwell und der Herzog von Nor-

Heinrich VIII. und seine zweite Frau Anna Boleyn. Sie haßte Thomas More bis auf den Tod, weil er die Scheidung des Königs von seiner ersten Frau Katharina nicht billigte

Die Zelle im Tower. Hier schrieb More seine „Betrachtung über das Leiden Christi". Als er an der Stelle „Und sie legten Hand an ihn" angekommen war, nahm man ihm das Schreibzeug weg

Der Heilige als Familienvater
in seinem Haus an der Themse. Thomas More sitzt links
zwischen seinem Vater und seinem Sohn.
In diesem Haus schrieb Erasmus das „Lob der Narrheit“

folk. Bis zur Erschöpfung saß dieser erlesenste aller Gewissensprüfungs-Ausschüsse um den Staatsgefangenen im Tower herum. Doch die Protokolle sind von erschütternder Dürftigkeit: „Spricht nicht dagegen", „sagt, er könne keine Antwort geben". Nichts als der beharrliche Protest, daß kein Prüfungsausschuß dieser Welt das Recht habe, ein Gewissen zu prüfen.

„Ihr müßt verstehen", sagte More, „daß jeder gute und treue Untertan seinem Gewissen mehr verpflichtet ist als allem andern. Das gilt besonders in meinem Fall. Denn ich habe nie Anlaß gegeben zu Verleumdung, Unruhe oder Aufstand gegen meinen Fürsten. Ich beteuere deshalb meine Weigerung, irgendeinem Menschen dieser Welt mein Gewissen offenzulegen und meinen Sinn in dieser Sache." Und das mit ausdrücklicher Berufung auf das Vorbild Jesu Christi, der ja auch dem Hohenpriester das Recht auf Gewissensprüfung verweigert habe: „Er aber schwieg und antwortete nicht."

Und jetzt? Betroffen unterbrach Lord Audeley die Verlesung des Strafurteils und bat den Angeklagten um ein letztes Wort. Um ein Wort der Reue.

„Mylords", begann Sir Thomas, „da ich Euch entschlossen sehe, mich zu verurteilen – Gott weiß wie –, so will ich, um mein Gewissen zu erleichtern, jetzt frei bekennen, was meine Überzeugung ist. Und insofern, als dieses Urteil gegen mich auf eine Gesetzgebung gegründet ist, die den Gesetzen Gottes und seiner heiligen Kirche unmittelbar widerspricht . . ."

Das königliche Tribunal erstarrte. Statt sein Gewissen reuig zu erleichtern, verkehrte More sein letztes Wort ins schiere Gegenteil: in eine radikale Anklage gegen den staatlichen Gewissensterror.

Niemals hatte er dem König und dem Parlament das Recht bestritten, sich von Rom zu lösen. Aber aufs leidenschaftlichste sprach er dem Staat das

Recht ab, den einzelnen zu zwingen, diese Entscheidung in seinem Gewissen gutzuheißen und dies mit einem Eid zu bezeugen.

Kein Richter fiel ihm ins Wort, als er, den grauenvollen Foltertod zu Tyburn vor Augen, jetzt das Schweigen so vieler Jahre brach und seine Treue zur Kirche Roms bekannte. Noch hätte ihn der König ja begnadigen können zu einer barmherzigen Enthauptung auf Tower Hill. Wenn er weiter geschwiegen hätte. Mit diesem Bekenntnis verwirkte er seine letzte Hoffnung auf einen würdigen Tod. Er tat es gelassen sprechend, leise, fast heiter. Gebannte Stille herrschte in Westminster Hall, als Thomas More die Stimme hob: „Mylords, Ihr wart auf Erden meine Richter. Ich hoffe, daß wir uns im Himmel wiedersehen. Und daß wir dort zusammen fröhlich sind."

Durch die belebtesten Gassen Londons ging der Weg zurück zum Kerker. Ein Henkersknecht trug ein Richtbeil voran, die Schneide Thomas More zugewandt zum Zeichen, daß er des Todes sei. Weinend geleitete ihn der Gouverneur des Tower, Sir William Kingston, in sein Verlies im „Glockenturm". Sechs Stufen hinab. Dann fiel die breite Tür ins Schloß. Thomas More war allein.

„Es ist, als wäre es ihm ständig ums Lachen. Von Jugend auf hatte er solche Freude am Spaßmachen, daß man sagen könnte, er sei dazu geboren." So hatte, ein paar Jahre zuvor, der Humanist Erasmus von Rotterdam den Mann beschrieben, der jetzt im Tower auf den Henker wartete. „So sanft, so menschenfreundlich, so glücklichen Gemüts" sei Thomas More, daß er „selbst schwere Beleidigungen ganz schlicht vergißt".

Erasmus war sein liebster Freund. In Mores Haus in Chelsea, fünf Meilen nur vom Tower stromaufwärts, hatte der Holländer das „Lob der Narrheit" geschrieben. Hans Holbein, der Maler aus Basel, war auch lange sein Gast gewesen. Die besten Gelehrten und Künstler aus Flandern und aus den Städten am Rhein gingen dort ein und aus.

Eine Barke mit acht Ruderern auf der Themse gehörte zu dem Haus, eine ganze Familie von Bibern, ein Fuchs, ein Wiesel, ein Affe, viele seltene Vögel und insgesamt sechsundzwanzig Menschen, den Hofnarr mitgezählt. Nur dazu, schreibt Thomas More in seinem Staatsroman „Utopia", sind wir Menschen auf Erden, um uns „gegenseitig zu einem Leben in größter Fröhlichkeit zu helfen".

Heute hat das Verlies im Tower, in dem Thomas More gefangen saß, ein Fenster. Damals nicht. Nur drei Schießscharten, durch die das Licht in Kreuzesform fiel, als wären es die drei Kreuze auf Golgotha. Sein ganzes Haus in Chelsea, auch seine Frau, seine drei Töchter und sein Sohn hatten dem Papst abgeschworen. Thomas More war mit seinem Gewissen im Tower allein.

In den ersten Monaten hatte Lady Alice ihn hier noch besucht. Sie war seine zweite Frau, die erste war im Kindbett gestorben. Und zu allem, was er ihr zu sagen hatte über seinen Glauben und über sein Gewissen, hatte Lady Alice nur einen Kommentar. Das Wort ist überliefert: „Larifari papperlapapp!"

Lady Alice war doch dabei gewesen, als er mit seinem Freund Erasmus in Chelsea unter den Bäumen an der Themse saß. Vom Humanismus hatten die beiden geschwärmt, von einem neuen Frühling der Wissenschaft und der Kunst. Von einem Europa wohl katholischen Glaubens, aber aufgeklärten Geistes. In klassischem Latein hatten sie zusammen bis in die tiefe Nacht Witze gerissen über das, was sie abschaffen wollten: über die „viri obscuri", die „Dunkelmännerei der Pfaffen".

Sterben für den Papst? Für den obersten Dunkelmann in Rom? „Larifari papperlapapp!"

Waren Thomas More und seine Frau nicht aufgewachsen zur Zeit Papst Alexanders VI. aus dem Hause Borgia? Da mochte denn Miss Anna Boleyn die geilste Hure sein auf Erden und König Heinrich der geilste Hurenbock – sie konnten zusammen so geil nicht sein wie dieser Papst allein. Einen ganzen Haushalt mit sechsundzwanzig Menschen in Not und Jammer stürzen aus Treue zu der verhurten Kurie in Rom? „Larifari papperlapapp!"

Hatte Thomas More als Kronrat und als Kanzler nicht selber miterlebt, wie feig Papst Klemens VII. den englischen König versetzt hatte? Zuerst spielte Rom ja willig mit bei Heinrichs Scheidung. Alle nötigen biblischen und kirchenrechtlichen Vorwände für die Scheidung waren schon beisammen, als etwas Gräßliches geschah: 1527 eroberten und verwüsteten die Deutschen Rom. Papst Klemens VII., von Natur ohnehin ein bißchen nervös, besann sich sofort wieder auf die bekannte „Unauflöslichkeit der Ehe". Mit den Spießen der Landsknechte auf der Brust konnte er unmöglich Königin Katharina von England durch eine Scheidung demütigen. Denn sie war des deutschen Kaisers Tante.

Sich ein Gewissen machen, das der Papst selbst nicht hatte? Dafür im Tower schmachten? Sich dafür in Tyburn vierteilen lassen? Durch das ganze Staatsgefängnis hallte das Gelächter von Lady Alice More: „Larifari papperlapapp!"

Was Thomas More seiner Frau geantwortet hat, wissen wir nicht. Im Unterschied zu anderen Frauen hat er sie als Gesprächspartnerin nicht sonderlich ernstgenommen. Fest steht, daß er Streitgespräche geliebt hat. Alle seine wichtigen Schriften sind als Streitgespräche verfaßt. Sein früher Staatsroman „Utopia" genauso wie das Buch vom „Trost im Leid", das er im Tower schrieb. In solchem Maße beherrschte er die Kunst des Streitgesprächs, daß die Gelehrten noch heute zerstritten sind, welchen von den gegensätzlichen Standpunkten in seinen Dialogen More jeweilen selbst vertritt. So genial konnte sich der englische Humanist in die konträrsten Überzeugungen hineinversetzen.

Er hat ganz konservative katholische Ansichten über die Ehe. Aber zugleich ist er der erste, der sich drei Jahrhunderte vor der Zeit für die Zulassung der Frauen zu den Universitäten ausspricht. Konservativ tritt er ein für einen Staat, der von religiösem Geist geprägt ist. Aber zugleich erhebt er so leidenschaftlich die Forderung nach Abschaffung des Privateigentums, daß sich Karl Marx zu Recht auf den katholischen Heiligen als seinen Vorläufer beruft. Mores „Antwort an Luther" ist eine der schärfsten katholischen Abrechnungen mit dem Protestantismus. Aber zugleich nimmt er einen Lutheraner als Schwiegersohn in sein Haus in Chelsea auf. So weit ist der Spannungsbogen im Denken und Empfinden dieses skeptischen Katholiken.

König Heinrich hatte ihn einfach unterschätzt, als er zuerst Lady Alice, dann Lady Margaret, Mores Lieblingstocher, zum Schluß eine ganze königliche „Sonderkommission" in den Tower schickte, um Thomas More umzustimmen. Von vornherein gab es in ganz England keinen Menschen, der König Heinrich so gut verstand, der seinen Ärger mit der katholischen Kirche so mühelos nachvollziehen konnte wie sein katholischer Staatsgefangener im Tower.

Er war des Königs Freund und Kanzler, und er wußte, wie verleumderisch der Vorwurf war, die Kirche Englands habe sich „wegen einer Weiberrockgeschichte" von Rom getrennt.

Königin Katharina hatte Heinrich keinen Sohn geschenkt. Wohl war das Töchterchen Maria da. Aber bislang hatte es in der englischen Geschichte nur einmal eine Frau als Herrscherin gegeben. Das war die unglückliche Königin Margarete.

Sir Thomas More Eyston, der
letzte Nachfahre des heiligen Thomas More, mit einem
Doppelporträt, das den Heiligen als
Kanzler zeigt und, mit Bart, als Gefangenen im Tower

Ein Vierteljahrhundert lang hatte damals der mangelnde Respekt vor einer Frau England in Bürgerkrieg und Not gestürzt.

Heinrich VIII. brauchte einen Erben. Er brauchte deshalb eine andere Frau. Was immer wichtiger sein mag im Leben eines Mannes, der Rock des Papstes oder eines Weibes Rock, um Röcke ging's in London nicht allein. Es ging um das Schicksal des Hauses Tudor und um den Frieden des ganzen Landes. Niemand wußte das besser als Thomas More.

Seit 440 Tagen saß er jetzt im Tower. Ganz allein hatte er sein Gewissen unvergleichlich schärfer geprüft, als jeder staatliche Gewissensprüfungs-Ausschuß das konnte. Aber so gut Thomas More König Heinrichs politische Zwänge verstand, so wenig er selber vom Papsttum schwärmte, so fand er doch, daß der König in der Wahl der Mittel einen fatalen Schritt zu weit gegangen sei, als er, seiner Scheidung wegen, die Kirche Englands losriß von Rom.

Das war seine persönliche Gewissensentscheidung. Nicht mehr. „Ich habe", schreibt er aus dem Tower an seine Tochter Margaret, „keinen Menschen davor zurückgehalten, den Eid zu schwören. Niemandem habe ich geraten, ihn zu verweigern. Niemandem, der zu dem Schwur bereit war, habe ich Zweifel in den Kopf gesetzt. Und ich werde es auch nicht tun. Vielmehr überlasse ich jeden Menschen seinem eigenen Gewissen. Und ich fände es weiß Gott in Ordnung, wenn man mich dem meinen überläßt."

Margaret More war eine hochgebildete junge Frau. Sie sprach fließend Latein und Griechisch. Ihr Vater hat sie zärtlich geliebt. Sie war die letzte, die ihn im Tower besuchen durfte.

Thomas More zur letzten Warnung hatte es der König acht Wochen zuvor so eingerichtet, daß Margaret und ihr Vater zusammen Augenzeugen wurden, wie die Londoner Kartäuser-Mönche aus dem

Tower weggeschleift wurden zur Galgenstätte von Tyburn. Choräle sangen sie noch, als sie zu Boden geschmissen und an die Pferde gebunden wurden.

Als dann unter dem Galgen von Tyburn zuerst dem Prior der Kartäuser, dem Ehrwürdigen Vater John Houghton, die Kutte aufgerissen wurde, das Geschlechtsteil abgeschnitten, der Bauch aufgeschlitzt, das Eingeweide herausgerissen, da sangen die andern Mönche unentwegt weiter „terrore victo saeculi – wir haben die Angst vor dieser Welt besiegt". Ohne einen Augenblick zu wanken und zu zweifeln, gingen die Kartäuser-Mönche für ihren katholischen Glauben singend in den Tod.

Aber Thomas More war kein Kartäuser. Er war kein Bekenner und keine Mönchsnatur. Wie sein großes Vorbild, der italienische Humanist Pico della Mirandola, über den er ein Buch geschrieben hat, war auch More „ein Mann von sanfter Körperlichkeit".

„Puellarum amoribus", schreibt sein Freund Erasmus, „der Liebe junger Frauen" sei Thomas More sehr zugetan gewesen. Aber anders als die andern Männer seiner Zeit: „Es lag ihm nicht", fährt Erasmus fort, „auf Frauen Jagd zu machen; er genoß es mehr, wenn sie ihm von sich aus entgegenkamen."

Nicht für das Heldentum der Mönche war dieser Heilige geschaffen, sondern für die Zärtlichkeit und für die Liebe. Und somit für die Angst. Nicht einen Augenblick hat er seiner neugläubigen Tochter Margaret im Tower katholische Triumph-Choräle vorgesungen. Leise hat er ihr sein „verzagtes Herz" gestanden und seine „atemwürgende Todesangst".

Es gibt eine letzte kleine Schrift Mores aus dem Tower, die „Betrachtung über das Leiden Jesu Christi". Sie ist unvollendet, denn als er angekommen war bei der Stelle „Und sie legten Hand an ihn", nahm man ihm das Schreibzeug weg.

Diese fast unbekannte Schrift ist weitaus packender als Mores vielgerühmter Staatsroman „Utopia".

Mores Enthauptung nach einem Stich aus dem Jahre 1592. Unten das Richtbeil, das ihm durch London vorausgetragen wurde, zum Zeichen, daß er des Todes sei

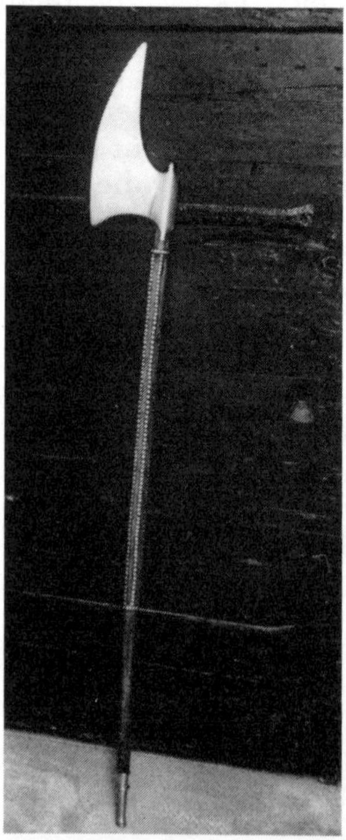

Zum erstenmal in der christlichen Geistesgeschichte verteidigt hier einer das normale Gewissen des normalen Menschen. Thomas More nennt es „das ängstliche Gewissen". Er halte nicht viel, schreibt er, von dem „so hohen Grad von trotziger Tapferkeit", mit dem die meisten Märtyrer in den Tod gegangen sind. Er halte es vielmehr mit dem Bekenntnis Jesu zur Todesangst: „Herr, laß diesen Kelch an mir vorübergehn."

More fährt fort: „Deshalb ist es keine Feigheit, wenn ein Mensch Angst davor hat, gequält zu werden, und wenn er dem Martyrium so lange als möglich ausweicht."

Kompromisse schließen, solange es nur nicht um das Allerletzte geht: Das ist natürlich nicht das Gewissen der Helden und Bekenner. Aber es ist dein und mein Gewissen. Es ist das Gewissen des heiligen Thomas Morus.

Die Reformation ist ein Kapitel der christlichen Geschichte, in dem sich die katholische Seite nicht allzuviel zugute halten kann. Allein dies ist der Ruhm der Kirche Roms: daß die beiden aufgeklärtesten, die beiden kritischsten Geister jener Zeit sich nach vielen Zweifeln und Ängsten doch in ihrem Gewissen für die katholische Sache entschieden haben. Erasmus von Rotterdam verließ Basel, als die Stadt protestantisch wurde. Thomas More ging am 6. Juli 1535, fünf Tage nach seinem Prozeß, in London in den Tod.

Es war im ersten Morgengrauen, als sich die Tür zu seinem Kerker öffnete. Aber kein Henkersknecht stand auf der Schwelle, sondern ein guter Freund. Es war der Rechtsgelehrte Thomas Pope. Und auch die Botschaft, mit der der König ihn sandte, war gnädig. Wider aller Erwartung hatte Heinrich VIII. seinen Kanzler begnadigt zur Hinrichtung auf Tower Hill. Zum vergleichsweise barmherzigen Tod durch das Schwert.

Verziehen war die Rede in Westminster Hall. Aber nicht vergessen. „Es ist der Wunsch des Königs", sagte Thomas Pope, „daß Ihr bei Eurer Hinrichtung nicht viele Worte macht. At your execution you shall not use many words."

Kurz vor neun wird Thomas More durchs „Blutige Tor" des Tower ins Freie geführt. Er trägt einen groben grauen Rock. In der einen Hand einen Stock, in der andern ein rotes Kruzifix, so geht er zum Schafott.

Am Fuß des Blutgerüsts übermannt ihn noch einmal die gleiche Schwäche wie vor den Richtern in Westminster Hall. Aber diesmal braucht er keinen Stuhl: „Herr Gouverneur, helft mir hinauf. Herunter werde ich von selber kommen."

Dann, so kurz wie vom König befohlen, ein letztes Wort. Im Kerker ist ihm ein langer, unordentlicher weißer Bart gewachsen. Als er jetzt niederkniet und seinen Kopf auf den Richtblock legt, schiebt er den Bart behutsam vom Halse weg zur Seite, sieht nochmals auf zu seinem Henker und spricht: „Mein Bart hat schließlich keinen Hochverrat begangen."

Wie Sokrates starb Thomas More für sein Gewissen gegen die Willkür des Staates. Und wie der griechische Weise, so ging auch der englische Heilige aus der Welt mit einem Wort der heiteren Ironie.

Das einzige zeitgenössische Bildnis des Jesuiten Friedrich Spee von Langenfeld. Die katholische Kirche, sein Orden insbesondere, taten alles, um den tapferen Kämpfer gegen den Hexenwahn totzuschweigen

III

Friedrich Spee
Hexenjagd in Deutschland

Der Mainzer Erzbischof und Kurfürst Johann Philipp von Schönborn, so berichtet der Philosoph Leibniz, habe sich einmal im Gespräch über den Hexenwahn an einen rheinischen Jesuiten erinnert, dem er in seiner Jugend im Fränkischen begegnet sei. Obwohl der Pater erst in den Dreißigern gewesen sei, habe er schon ganz weiße Haare gehabt. Mehr zum Scherz habe er ihn gefragt, von was für Sorgen das komme.

„Das kommt von den Hexen", lautete die Antwort.

Es war Schönborn nicht recht klar, wie er diese Antwort verstehen sollte, und so fragte er weiter. Er erfuhr, daß der Jesuit von seinen Obern verschiedentlich zum „Hexen-Beichtvater" bestellt worden sei. Das heißt, es war seine Aufgabe, verurteilten Frauen in den letzten Stunden beizustehen und sie auf dem Weg zum Scheiterhaufen zu begleiten.

„So habe ich begonnen, der Hexerei nachzuforschen", sagte der Pater. „Ich habe es mit viel Eifer getan, und ich habe dafür auch Macht und Einfluß der Beichte aufgeboten. Trotzdem habe ich bei keiner einzigen von all den Frauen, die ich zum Holzstoß begleitet habe, irgend etwas entdeckt, was mich hätte davon überzeugen können, daß sie zu Recht verurteilt worden ist."

Die meisten seien ganz einfache, ungebildete Frauen gewesen und von der Folterung völlig verstört. Aus Angst, erneut auf die Folterbank zu geraten, hätten sie zuerst auch ihm gegenüber, in der Beichte, alle nur denkbaren Untaten der Hexerei gestanden. Sobald sie aber Vertrauen faßten und merkten, daß sie von diesem Beichtvater nichts zu fürchten brauchten, seien die meisten Frauen zusammengebrochen in entsetzlichem Wehklagen über ihr Schicksal. Die Unwissenheit und die Bosheit ihrer Richter hätten sie verflucht und noch im Sterben Gott angerufen zum Zeugen ihrer Unschuld. „Dieses schreckliche Schauspiel habe ich so oft erlebt, und es hat mich so erschüttert, daß ich vor der Zeit gealtert bin."

Der Jesuit, der unter dem Hexenwahn gelitten hat, als wäre er selber auf die Folter gespannt, heißt Friedrich Spee von Langenfeld.

Leibniz nennt seinen Namen im Jahre 1710 und überrascht zugleich die deutsche Öffentlichkeit mit der Enthüllung, daß dies der bislang unbekannte Verfasser eines berühmten und folgenreichen Buches ist. Es trägt die lateinische Überschrift „Cautio criminalis". Eine der ersten deutschen Ausgaben übersetzt den Titel frei mit „Gewissensbuch von Prozessen gegen die Hexen". Dieses Buch hat entscheidend dazu beigetragen, daß der Wahnsinn der Hexenjagd in Deutschland ein Ende fand. Leibniz nennt es „das männlichste Buch, das jemals der Feder eines Kämpfers für Wahrheit und Recht, gegen Lüge und Unrecht entflossen ist".

Freilich, im Jahre 1710, als Leibniz seinen Ruhm in die Öffentlichkeit trägt, ist Friedrich Spee schon dreiundsiebzig Jahre tot.

Niemand hat seinen Lebenslauf festgehalten, niemand sein Charakterbild gezeichnet. Sein eigener Orden, die „Gesellschaft Jesu", hat ihn peinlichst totgeschwiegen. Leibniz selber bringt auch noch die paar Angaben durcheinander, die ihm der Mainzer Erzbischof ein Vierteljahrhundert zuvor gemacht hat. Aus trockenen kirchenamtlichen Vermerken, aus ein paar zufällig entdeckten Briefen, vor allem aus seinen Büchern und Gedichten müssen wir heute mühselig erschließen, was für ein Mensch dieser große katholische Vorkämpfer einer gesunden Religiosität gewesen ist.

Friedrich Spee von Langenfeld wird am 25. Februar 1591 als ältester Sohn eines Amtmannes in Kaiserswerth geboren. Kaiserswerth ist ein kurkölnischer Vorort von Düsseldorf.

In Kaiserswerth hat Kaspar Ulenberg gewirkt. Wie so viele andere katholische Priester im Rheinland brachte Ulenberg den Anliegen der Reformation viel Verständnis entgegen. Mit seinen „deutschen Psalmliedern" ist er einer der Wegbereiter für die Verwendung der Muttersprache im katholischen Gottesdienst. Die Kindheit Spees in Kaiserswerth ist noch geprägt von dieser offenen, reformbereiten Katholizität.

Das nahe Düsseldorf ist wahrscheinlich die einzige Stadt in Europa, wo in der zweiten Hälfte des 16. Jahrhunderts ein Mann wie Dr. Johannes Weyer (Wierus) leben und wirken kann, ohne verbrannt zu werden. Dieser große flämische Arzt wollte nach eigenem Bekunden erst Protestant werden, weil er vermutete, mit der „gesunden Lehre" sei etwas mehr Vernunft verbunden. Irrtum. Die Hexenjagd in Luthers und in Kalvins Landen bringt Johannes Weyer zu der Einsicht, daß bei den Protestanten „der Teufel diese Greuel noch viel größer gemacht hat".

Im katholischen Düsseldorf findet Weyer die religiöse Vernunft, die er bei den Protestanten umsonst gesucht hat. Hier macht ihn 1550 Herzog Wilhelm von Kleve, Jülich und Berg zu seinem Leibarzt. Von hier aus treibt er die katholischen und die protestantischen Hexenjäger in ganz Europa zur Raserei mit seiner Behauptung, der Hexen- und der Teufelswahn sei „eine Krankheit", und zwar, Gott sei Dank, meistens heilbar. Ohne Exorzismus und ohne Scheiterhaufen.

Ein Vorläufer Spees ist der Düsseldorfer Arzt Johannes Weyer (1515–1588). Er durchschaute und behandelte den Hexenwahn als kollektive religiöse Hysterie

Zum Beweis treibt Weyer zwischen Köln und Nimwegen aus einem guten Dutzend verhexter Frauenklöster den Teufel wieder aus. Seine Methode ist verblüffend einfach: Er verhindert den Exorzismus, verbietet streng, den verrückten Schreikrämpfen der besessenen Nonnen irgendwelche Aufmerksamkeit zu schenken und verschickt die kranken Frauen, voneinander getrennt, aufs Land. Siehe, der Teufel fährt selbst aus der besessensten Nonne wieder aus, sobald sie keine andern besessenen Nonnen mehr um sich hat. Nach demselben Prinzip nimmt der Flame in Westfalen verhexte Kuhställe auseinander. Mit andern Worten: Dieser Düsseldorfer Arzt ist der Entdecker und der erste erfolgreiche Therapeut der kollektiven religiösen Hysterie.

Daß er nicht selber auf dem Scheiterhaufen landet, verdankt er dem beharrlichen Schutz durch Herzog Wilhelms Kanzler Konrad von Heresbach. Dieser hochgebildete Humanist ist ein Schüler von Erasmus und ein Freund Melanchthons. Als einer der letzten vertritt er noch das erasmische Ideal eines aufgeklärten, selbstkritischen, zur Verständigung mit den Protestanten bereiten Katholizismus. Während der Norden Deutschlands dem protestantischen Fanatismus verfällt, der Süden dem papistischen, macht Konrad von Heresbach das Herzogtum Kleve und Jülich zu einer Insel der religiösen Vernunft und der konfessionellen Toleranz.

So ist das in Düsseldorf. Und in Köln? Noch im Jahre 1589 schreibt der Kölner Ratsherr Hermann von Weinsberg in sein Tagebuch: „Mich nimmt es wunder, daß es in dem katholischen und heiligen Stifte von Trier und in mehreren anderen Orten so viele böse Weiber gibt, warum dem Teufel dort von Gott mehr Zauberei gestattet werden soll als in der Stadt Köln. Wer hat gehört, daß Zauberer oder Zauberinnen in Köln verurteilt, verbrannt worden wären? Oft hat man einige, die der Zauberei beschuldigt waren, gefangen und lange sitzen lassen. Man hat sie verhört, aber nichts Bestimmtes erfahren können. Soll es denn in Köln nicht so viele Mittel geben, die Wahrheit zu erforschen wie an andern Orten? Heute noch sitzt ein armes, altes Weib auf dem Altenmarkt Tag und Nacht. Man sagt, sie sei eine Zauberin, man wirft es ihr vor, sie bekennt es öffentlich vor dem Volke, verlangt, man solle sie verbrennen. Sie ist wohl lange Jahre ein böses Weib gewesen; aber man läßt sie passieren und sagt, daß sie toll sei."

Das ist die rheinische Tradition, in der sich die großen Anstöße des Humanismus verbinden mit toleranter Gesittung. Mitten im Dreißigjährigen Krieg wird sie sich in Friedrich Spee noch einmal verkörpern. Aber es ist eine gebrochene Tradition. Um die Wende vom 16. zum 17. Jahrhundert, als der junge Edelmann Friedrich Spee im Kaiserswerther Schloß heranwächst, gewinnen auch am Rhein Unvernunft und Fanatismus die Oberhand.

Im Herzogtum Kleve und Jülich hat Johannes Weyer auf seine alten Tage mitansehen müssen, wie der Hexenwahn wieder auflodert. Friedrich Spee ist sechs Jahre alt, als im Düsseldorfer Schloß die Gemahlin des geisteskranken Herzogs Johann Wilhelm vergiftet aufgefunden wird. Sie war der Hexerei bezichtigt worden.

Dank bayerischer und spanischer Kanonen hat Ernst von Wittelsbach im Erzstift Köln das Regiment übernommen. Der Bayer ist entschlossen, die Protestanten im Rheinland mit Gewalt auszurotten. Mordend, sengend, hurend, plündernd ziehen seine Landsknechte den Niederrhein auf und ab. Als wär's schon der große Glaubenskrieg.

Die Vernunft nimmt ab, der Wahn nimmt zu: Das ist die Stimmung im Rheinland, als im Jahre 1603, mit zwölf Jahren, der „adlige, freigebürtige Junker Friedrich Spee" Internatsschüler wird im „Dreikönigs-Gymnasium“ in der Marzellenstraße in Köln. Auch seine beiden Brüder besuchen diese ausgezeichnete, von Jesuiten geleitete humanistische Schule.

Er immatrikuliert sich dann an der Philosophischen Fakultät der Kölner Universität und erwirbt nach einem Jahr den Grad des Baccalaureus. Das ist jener erste, bescheidene akademische Titel, der sich in den angelsächsischen Ländern als „Bachelor of Arts“ erhalten hat. Dann, mit 19 Jahren, entschließt er sich, Jesuit zu werden.

Was ist in den jungen Rheinländer gefahren? Will er im Kampforden des heiligen Ignatius von Loyola mithelfen, die „häretische Pest“ des Luthertums auszurotten?

Das unterstellen heißt nicht nur Spee, sondern auch den Jesuiten-Orden unterschätzen. Es mag sich aus der evangelischen Perspektive so ausgenommen haben, in Wirklichkeit aber ist der Kampf gegen die deutschen Protestanten nie der Hauptzweck der „Gesellschaft Jesu“ gewesen. Innerhalb der katholischen Weltkirche sind die Jesuiten im Jahre 1610 einfach der junge, kräftige, große und machtvolle Priesterorden, in den die Blüte der katholischen Intelligenz strömt.

Es ist ein Brief erhalten, in dem Spee selber das Motiv für seinen Eintritt in diesen Orden nennt. Er sei Jesuit geworden aus „brennender Sehnsucht“ „nach Indien und jenen fernen Ländern“. Auch nach dem Martyrium sehnt er sich und dichtet: „Mein hertz doch käm in Jappon weit, wan ich schon gieng zu grunde.“ Die asiatischen Missionsabenteuer des heiligen Jesuiten Franz Xaver, das ist es, was die Phantasie des frommen rheinischen Jünglings nach eigenem Bekunden „schon im Knabenwams“ gefesselt hat.

Statt nach Japan schickt der Jesuiten-Orden Friedrich Spee nach Trier.

Hexenfolter nach einer
zeitgenössischen Darstellung aus dem 17. Jahrhundert.
„Kein deutscher Edelmann“, klagt Spee,
„ertrüge es, wenn sein Jagdhund so gemartert würde“

Er kommt in eine Stadt, die elend darniederliegt, erschlagen von der Schreckensherrschaft des blutigen Generalvikars und Hexenjägers Peter Binsfeld. „Durch die Städte und Dörfer des ganzen Bistums jagten, von Gericht zu Gericht, spezielle Ankläger, Inquisitoren, Notare, Beisitzer, Richter, Häscher, schleppten Menschen auf die Folter und verbrannten sie in großer Zahl", heißt es in den „Gesta Trevirorum" („Geschehnissen zu Trier") des Trierer Domherrn Johann Linden. In manchen Dörfern überlebten nicht mehr als zwei Frauen. Der Abt von Sankt Martin, Johann Malmunder, der sich den Hexenjägern entgegenstellen wollte, wurde selbst als Hexerich verbrannt. Das gleiche Schicksal erlitten draußen auf den Dörfern acht Pfarrer, als sie versuchten, die Frauen ihrer Gemeinden zu retten.

In Trier selber war Dietrich Flade Bürgermeister, ein aufgeklärter, in ganz Deutschland angesehener Rechtsgelehrter. Jahrelang gelang es ihm, alle Hexenprozesse in Verfahrensfragen zu ersticken. Dann wird er selber in den Hexenturm geworfen. Dieser Mann der Vernunft, dieser hochgebildete Universitätslehrer gesteht auf der Folterbank, er habe die Schneckenplage in die Trierer Gemüsebeete gehext und beim Hexensabbat auf der Hetzeroder Heide dem höllischen Ziegenbock den Arsch geküßt. Als besondere Gunst – sozusagen von Akademiker zu Akademiker – läßt der Trierer Generalvikar seinen Bürgermeister, bevor er ihn verbrennt, gnädig erwürgen.

Jetzt kennt im ganzen Erzstift Trier der Terror keine Schranken mehr. In vielen Dörfern wird die Bevölkerung so dezimiert, daß Äcker und Weinberge veröden. In der Stadt Trier werden sogar die Jesuiten-Patres um ein Haar verbrannt, nachdem ein Bub aus ihrem Internat gestanden hat, er habe beim Hexensabbat auf der Hetzeroder Heide die Pfeife gespielt.

Der Henker von Trier trägt derweil in Gold und Silber gewirkte Kleider. Er reitet ein Vollblutpferd, und seine Frau hält hof, als wäre sie die vornehmste Dame des Erzstiftes. Ein Ende nimmt der Wahnsinn erst, als er seine finanziellen Grenzen erreicht. „So unersättlich waren die Flammen", heißt es in den Gesta Trevirorum, „daß die Bevölkerung in Armut geriet. Deshalb mußte man die Kosten des Verfahrens und den Profit der Inquisitoren gesetzlich einschränken. Und wie denn oft ein Krieg aufhört, wenn der Strom des Geldes versiegt, so erlosch der Eifer der Verfolger."

Kaum haben die Trierer begonnen, sich von der Hexenjagd zu erholen, da bricht die Pest über sie herein. Die Jesuiten evakuieren ihr Noviziat. So kommt Friedrich Spee nach Fulda.

Dort ist die Stimmung gut. Gerade ist es den Bürgern von Fulda in vereinter Anstrengung gelungen, den schauderhaften Zentgrafen Balthasar Ross selber in den Hexenturm zu werfen. Dieser Hexenjäger hatte sein besonderes Vergnügen darin gefunden, Frauen aus dem Wochenbett auf die Folterbank zu schleppen. Viele arme alte Frauen hat er in den Selbstmord getrieben, reiche Frauen nach Belieben erpreßt. Seine Opfer verbrannte Balthasar Ross gleich bündelweise, auch wenn er in der Rationalisierung noch nicht so weit ging wie etwas später der Rat der schlesischen Stadt Neiße, der zur beschleunigten, serienweisen Verbrennung von Hexen einen speziellen „Hexenverbrennungsofen" bauen läßt.

Jammernd und wehklagend sitzt dieser Balthasar Ross selbst zu Fulda im Hexenturm, als Friedrich Spee dort im Herbst 1612, zum Abschluß des zweijährigen Noviziats, die „einfachen Gelübde" ablegt. Für sein späteres Schicksal ist es wichtig zu wissen, daß diese ersten Gelübde bei den Jesuiten nur das einzelne Mitglied binden, den Orden selber nicht.

Wenn sie will, kann sich die „Gesellschaft Jesu" Spees noch entledigen. Einstweilen schickt sie ihn zum Studium der Philosophie für drei Jahre nach Würzburg.

Während Fulda das Schlimmste schon hinter sich hat, geht es in Würzburg erst los. Als Friedrich Spee dort 1612 sein Studium aufnimmt, werden gerade die ersten Scheiterhaufen angezündet. 1616 verzeichnet das Hexenregister schon 99 Verbrennungen. Trotzdem kann etwas nicht stimmen, wenn Leibniz behauptet, daß Würzburg der Ort gewesen sei, wo Friedrich Spee so viele unschuldige Frauen als Hexen-Beichtvater zum Holzstoß begleitet habe.

Einmal ist Spee noch nicht zum Priester geweiht, kann also nicht Beichte hören. Zum andern bricht jener große Würzburger Hexenwahn, den Leibniz im Auge hat, erst 1627 aus. Er gilt, auch wenn er nicht die meisten Opfer gefordert hat, zu Recht als die schaurigste Hexenjagd der deutschen Geschichte.

Zuerst läßt Fürstbischof Philipp Adolf die alten Frauen verbrennen. Dann sind die jungen Frauen dran. Und dann beginnt, wie im nahen Bamberg, das große „Kinder-Brennen".

Kleine Buben und Mädchen werden der „Teufelsbuhlschaft" bezichtigt, gefoltert und verbrannt: „Des Valckenbergers Töchterlein", „ein blind Mägdlein", „zwey Knaben aus dem neuen Münster von zwölf Jahren", „ein kleines Mägdlein von neun oder zehn Jahren und ihr geringeres Schwesterlein", „ein Edelknab von Ratzenstein", „ein Student in der fünften Schule, so viele Sprachen gekont, und ein vortreflicher Musikus war vocaliter und instrumentaliter". Schließlich, auf dem Höhepunkt des Wahns, gehen ganze Schulklassen in Flammen auf.

Gerade hat der Fürstbischof begonnen, seinen eigenen Haushalt zu verbrennen, ja seine eigene Verwandtschaft, da bricht, ähnlich wie zuvor in Trier, die Wirtschaft in Würzburg unter den Kosten der

Hexenprozesse zusammen. Auch rücken die Schweden gefährlich näher. Anders als die deutschen Protestanten machen sie überall sofort Schluß mit dem Hexenwahn. Vor allen Dingen aber nehmen die Prozesse in Würzburg selber eine gefährliche Wendung: Immer mehr Hexen gestehen auf der Folterbank, der oberste Hexerich, mit dem zusammen sie den Sabbat getanzt hätten, sei niemand anders als der Bischof selbst!

Unter diesen Umständen macht Fürstbischof Philipp Adolf Schluß mit dem „Brennen" und läßt für das Seelenheil aller, die er umgebracht hat, Totenmessen lesen.

Ist Friedrich Spee, wie Leibniz annimmt, in Würzburg, als 1627 diese Hölle ausbricht? Es ist möglich, daß er sich dort ein paar Monate aufhält, aber wahrscheinlich ist es nicht. Den Akten seines Ordens zufolge hat er nach den Würzburger Jahren der Philosophie in Mainz Theologie studiert und ist dort 1622 zum Priester geweiht worden. Der Ordensgeneral in Rom hat selber seine wiederholte, drängende Bitte, als Missionar nach Asien entsandt zu werden, abgelehnt. Denn inzwischen ist der Dreißigjährige Krieg ausgebrochen. Für das letzte Gefecht zwischen den beiden deutschen Konfessionen wird der letzte deutsche Jesuit gebraucht. Statt nach Japan kommt Friedrich Spee nach Paderborn.

Die Stadt liegt in Trümmern, von protestantischen Plünderern und von katholischen Hexenjägern gleichermaßen verheert. Da bricht 1626 auch noch die Pest aus. Spee wird nach Köln zurückbefohlen. Hier erlebt er den Ausbruch einer Hexenverfolgung, die in Köln und Bonn fast so schlimm wüten wird wie in Würzburg und in Bamberg.

Es fängt damit an, daß der Teufel in die Nonnen des Kölner Klosters Sankt Clara fährt. Dem grausigen Geschrei der besessenen Frauen ist zu entnehmen, Fräulein Henoth habe sie verhext. Es handelt sich um die schöne Tochter eines kaiserlichen Postmeisters, um Katharina von Henoth, die ihrem Bruder, einem Domherrn, den Haushalt führt.

Aber noch gibt es am Rhein einen Rest von religiöser Vernunft. Der zuständige Richter, ja selbst der Kölner Generalvikar weigern sich, Katharina zu verurteilen. Da greift Erzbischof Ferdinand von Bayern persönlich ein. Schon lange ärgert sich der Wittelsbacher über die Toleranz seiner rheinischen Beamten. Einen richtigen Hexenprozeß will er haben, wie in Bayern.

Jetzt erst, als die Unglückliche aus dem Haus ihres Bruders ins Gefängnis geschleppt wird, schlägt die Stimmung in der Stadt um. Überall auf Kölner Bäumen und in Kölner Gemüsebeeten werden Raupen entdeckt. Katharina von Henoth hat sie herbeigezaubert. Zwei Kölner Priester bekommen die Syphilis. Katharina von Henoth hat sie ihnen angehext. Groß ist die Sterblichkeit bei den Säuglingen. Katharina von Henoth hat sie alle „zu Todt gehext".

Da geschieht etwas Ungeheuerliches: Diese Frau trotzt den Folterknechten. Dreimal wird sie durch alle Grade der Tortur gepeinigt. Mit zerrissenen Gliedern auf der Folterbank liegend streitet sie beharrlich den Pakt mit dem Teufel ab.

Horn und Mohr, zwei Jesuiten, geleiten sie zum Scheiterhaufen. Dort muß sie dem Notar ein Papier unterschreiben. Die beiden Jesuiten rufen ins Volk: „Schaut her, sie ist wirklich eine Hexe. Denn sie schreibt mit der linken Hand!" Da reißt Katharina den Verband von der rechten Hand, reckt den blutigen Stummel zum Himmel und ruft: „Ja ich schreibe mit der Linken, weil die Henkersknechte die Rechte mir verdarben und zerschmetterten, um mich Unschuldige zum Geständnis zu zwingen."

Was hernach im ganzen Kölner Erzbistum los ist, schildert der Bonner Pfarrherr Duren so: „Es geht gewiß die halbe Stadt drauf. Denn allhier sind schon Professoren, Candidati juris, Domherren und Vicarii, Ordensmänner eingelegt und verbrannt. Der Kanzler sammt der Kanzlerin und des geheimen Secretarii Hausfrau sind schon fort und gerichtet. Am Abend unserer lieben Frauen ist eine Tochter allhier, so den Namen gehabt, daß sie die schönste und züchtigste gewesen von der ganzen Stadt, von neunzehn Jahren, hingerichtet, welche von dem Bischof selbst von Kind an auferzogen. Kinder von drei bis vier Jahren haben ihren Buhlteufel. Studenten und Edelknaben von neun, von zehn, von elf, zwölf, dreizehn, vierzehn Jahren sind hier verbrannt. Summa, es ist ein solcher Jammer, daß man nicht weiß, mit was für Leuten man conversiren und umgehen soll."

Die Rolle der Jesuiten ist schmählich. Sie haben als Hofbeichtväter den Kurfürsten zu der Verfolgung angestachelt, sie hetzen das Volk auf, sie quälen die armen Frauen als Beichtiger noch vor dem Scheiterhaufen. Alle? Just zu diesem Zeitpunkt verklagt der Provinzial der Niederdeutschen Ordensprovinz, Pater Baving, Friedrich Spee zum erstenmal beim Ordensgeneral in Rom wegen „abwegiger Meinungen". Und so fügt es sich, daß Spee nicht, wie vorgesehen, Universitätsprofessor in Köln wird, sondern Prediger in Peine.

Mitten im Dreißigjährigen Krieg ist das ein Himmelfahrtskommando. Die Stadt Peine – zwischen Hannover und Braunschweig gelegen – ist nämlich samt den dreißig Dörfern, die zu dem Amt gehören, evangelisch. Jetzt, nach Tillys Siegen in Westfalen, soll sie wieder katholisch werden. Besorgen soll das ausgerechnet Friedrich Spee, der schon in Paderborn aufgefallen ist durch seine erlesene Freundlichkeit im Umgang mit Protestanten.

Im November 1628 reitet Friedrich Spee zum erstenmal über seine niedersächsischen Dörfer. Überall empfangen ihn die Bauern mit der gleichen Frage: Ob denn jetzt das „tauffen und copuliren" noch teurer werde? Spee macht es „um Gotteslohn". Er besorgt den verelendeten Bauern auch vierzig Fuder Saatgetreide. So hat er auf den Dörfern bald viele Freunde. Auch ein abgesetzter evangelischer Prediger gehört dazu, der „tolle Herr Tyle" aus Woltorf.

Aber in der Stadt Peine selbst wird er mit dem konfessionellen Haß nicht fertig. Schuld daran sind die Hildesheimer Jesuiten, die zwei Jahre zuvor einen evangelischen Prediger aus Peine ins Gefängnis werfen ließen. Spee ist erst vier Monate im Land, da wird der Protestant als „aufrührerischer, schmähsüchtiger Lästerer und Verleumder" mit dem Schwert hingerichtet.

Ein paar Tage später, am 29. April, reitet Friedrich Spee im frühen Morgennebel von Peine nach Woltorf. Er will dort predigen und seinen Freund Tyle besuchen. In einem dichten Gehölz kurz vor dem Dorf taucht plötzlich aus dem Nebel ein Berittener vor ihm auf. Mit dem Ruf „Nun hab ich dich!" versperrt er ihm den Weg.

Der Pfad ist so eng, daß der Jesuit nicht wenden kann. Auch liegt das Dorf ja ganz nahe vor ihm, und so entschließt sich Friedrich Spee zur Flucht nach vorn. Er empfiehlt seine Seele Gott und dem heiligen Ignatius und sprengt geradewegs auf den Gegner zu.

Der feuert aus unmittelbarer Nähe – „nur etwa zwei oder drei Schritte" – zwei Pistolen auf ihn ab. Sie treffen nicht einmal Spees Mantel. Aber sein Pferd strauchelt. Er reißt es wieder hoch, drängt den Attentäter samt seinem Pferd seitwärts ins Gebüsch und hetzt an ihm vorbei dem rettenden Dorf zu.

Draußen auf freiem Feld holt der Verfolger wieder auf. Er sprengt von der Seite an den Jesuiten heran und versetzt ihm mit dem Kolben seiner Pistole einen schweren Schlag nach dem andern über den

Schädel. Trotzdem kann Spee noch das rettende Dorf erreichen.

Es ist sein evangelischer Freund, der abgesetzte Prädikant Tyle, der den zusammengebrochenen Jesuiten aufliest, pflegt und verbindet. „Weil die Hirnschal unterschiedtliche mahlen hart gespaltet", operiert ihn zuerst der Barbier von Peine, dann der „Doctor undt Balbirer" von Hildesheim. Die sechs Jahre, die er noch zu leben hat, bleibt Friedrich Spee von dauernden schweren Kopfschmerzen und Schwindelanfällen geplagt.

Aber gebrochen ist er nicht. Auf dem Krankenlager vollendet er jene Streitschrift, die er mit großer Wahrscheinlichkeit schon in Köln, unter dem Eindruck des Prozesses gegen Katharina von Henoth, begonnen hat.

In dem vom Glaubenskrieg verwüsteten Deutschland hat im Jahr 1631 der Hexenwahn einen Höhepunkt erreicht, für den es in andern Ländern, selbst in Frankreich, keinen Vergleich gibt. Da erscheint in Rinteln an der Weser in lateinischer Sprache ein kleinformatiges, etwa vierhundert Seiten umfassendes Buch: „Cautio criminalis – Strafrechtliche Warnschrift. Ein Buch über die Hexenprozesse von dringlicher Notwendigkeit für die Behörden Deutschlands, äußerst nützlich für die Ratgeber und Beichtväter der Fürsten, Inquisitoren, Richter, Advokaten und Beichtväter der Angeklagten. Von einem nicht näher bekannten katholischen Theologen."

Das Buch ist in einem blendenden, packend lebendigen Latein geschrieben, dabei getragen von der großen Leidenschaft der sittlichen Empörung. „Ich sah die Gottlosigkeit zu Gericht sitzen und die Ungerechtigkeit an der Stätte des Rechts." Mit dieser Klage des Propheten hebt die „Cautio criminalis" an; sie endet mit einem Vergleich zwischen der Christenverfolgung unter Nero und dem Hexenwahn in Deutschland.

Wie der Blitz schlägt dieses Buch ein. Die Katholiken reißen es den Protestanten, die Protestanten den Katholiken aus der Hand. Schon nach ein paar Monaten ist es vergriffen und, so ein zeitgenössischer Bericht, „weder für Geld noch gute Worte" mehr zu bekommen. Wer aber ist der „incertus theologus romanus", der „nicht näher bekannte" katholische Verfasser?

Das wird die deutsche Öffentlichkeit siebzig Jahre lang nicht herauskriegen.

Um nicht das Schicksal des Trierer Bürgermeisters Flade zu erleiden, ist der Verfasser mit jesuitischer Klugheit vorgegangen. Dem Buch ist ein Nachwort beigefügt, in dem ein weiterer Anonymus einen „frommen Diebstahl" gesteht („pium furtum"). Der wirkliche Verfasser wisse gar nichts davon, daß diese Schrift in Druck gehe, er habe ihm das Manuskript „zum allgemeinen Nutzen" gestohlen und weitergereicht an Peter Lucius in Rinteln an der Weser. Das ist ein protestantischer Buchdrucker und Verleger, der zu allem Überdruß sein Geld bislang mit protestantischen Hetzschriften gegen die Hexen gemacht hat. Als Protestant hat er sich auch nicht um jene kirchliche Druckerlaubnis („Imprimatur") zu kümmern, die für ein solches Buch niemals erteilt worden wäre.

Ganz Deutschland sucht den Anonymus bei der falschen Konfession: Welcher protestantische Gegner des Hexenwahns war da so pervers, sich als „theologus romanus" zu tarnen?

Ein jesuitisch kluger Verfasser, noch aus einem zweiten Grund. Die „Cautio criminalis" greift den Hexenglauben selbst nicht an. Johannes Weyer konnte das noch tun. Jetzt, auf dem Höhepunkt der Verfolgung, ist das nicht mehr möglich. Wohl greift Friedrich Spee die führenden kirchlichen Prediger des Hexenwahns an, etwa den Trierer Generalvikar Peter Binsfeld: „Ihre ganze Lehre stützt sich ja nur

Noch am 23. März 1669 wurde diese „Hexe" in Augsburg „mit glühenden Zangen gerissen, hernach mit dem Schwert gerichtet und zu Aschen verbrannt"

B. Berg

Hexensabbat auf dem Blocksberg nach einem Kupferstich von 1620. Jede „Hexe“ wurde so lange gefoltert, bis sie alle andern Frauen, die beim Hexensabbat „dabeiwaren“, denunzierte

TRVTZ NACHTIGAL,

Oder

Geistlichs-Poetisch

LVST-VVALDLEIN,

Deßgleichen noch nie zuvor in Teut-
scher sprach gesehen.

Durch

Den Ehrw: P. FRIDERICVM SPEE,
Priestern der Gesellschafft
JESV.

Jetzo/ nach vieler wunsch vnd langem
anhalten/ zum erstenmahl in Truck
verfertiget.

Cum Facultate & approbatione superiorum.

Cöllen/
In verlag Wilhelmi Friessems Buch-
händlers/ in der Tranckgaß im Ertz-En-
gel Gabriel. Im Jahr 1649.

Cum gratia & Privilegio Sac. Cæs. Maj.

auf Ammenmärchen und mit der Folter herausgepreßte Geständnisse." Trotzdem gilt die ganze unerbittliche Schärfe seiner Polemik nicht dem Wahn, sondern dem Prozeß: „Erst seit ich die Tätigkeit der Gerichte näher betrachte, frage ich mich immer mehr, ob es überhaupt Hexen gibt." Und weiter: „Persönlich kann ich unter Eid bezeugen, daß ich bis jetzt noch keine verurteilte Hexe zum Scheiterhaufen begleitet habe, von der ich unter Berücksichtigung aller Gesichtspunkte hätte sagen können, daß sie wirklich schuldig sei."

Zuerst wird eine Verleumdung in die Welt gesetzt. „Wisse aber gleich zu Anfang", schreibt Spee, „daß bei uns Deutschen und insbesondere – worüber man sich tief schämen muß – bei den Katholiken der Aberglaube, die Mißgunst, Verleumdung, Ehrabschneiderei, die Schmähsucht und das hinterlistige Ohrenblasen unglaublich tief eingewurzelt sind."

Gegen jede andere Verleumdung kann eine Frau sich zur Wehr setzen, gegen diese nicht. Denn die Hexerei gilt als „crimen exceptum", als ein „Ausnahme-Verbrechen", bei dem keiner als Zeuge vor Gericht aufzutreten braucht. Die anonyme Denunziation genügt.

Hoffen kann die bedrängte Frau allenfalls auf einen Richter, der nicht an die Sache heranmag, sei es aus Vernunft, sei es aus Bequemlichkeit. Aber lange dauert das nicht. Unten hetzt „der unvernünftige, in der Regel auch noch neidische und niederträchtige Pöbel". Oben reden die Beichtväter auf den Landesherrn ein, er solle „den Staat mit ganzer Strenge von dieser Hexenpest säubern". „Schon kommt der zweite oder dritte Befehl von der Obrigkeit, daß man einschreiten solle", fährt Spee fort. „Würde aber ein Beamter der Obrigkeit in solchen Dingen auch nur ein bißchen Widerstand leisten und sich nicht stracks ans Werk machen, so würde ihm das, bei uns Deutschen zumal, sehr übelgenommen. Fast alle halten ja, was den Fürsten und der Herrschaft gefällt, für recht und gut, selbst die Geistlichen, die nicht wissen, von was für Leuten die Fürsten und Herren oft aufgehetzt werden (obwohl sie sonst wohl von Natur sehr gut sind). So geht dann der Herrschaft Wille vor, und man schreitet erst mal aufs Geratewohl ein." Die meisten Richter besorgen das aber nicht selbst, sondern überlassen es lieber einem Spezialisten, der für jede überführte Hexe eine Kopfprämie bekommt. Das ist der sogenannte „Hexen-Inquisitor" oder „Hexenkommissar" mit seinen „Hexenjägern". Wie Banden schweifen sie im Land herum, überall auf der Suche nach einträglicher Beschäftigung. Spee schildert sie als ein „schamloses und niederträchtiges" Gesindel.

Vom Augenblick an, wo die Hexenjäger sie ergreifen, ist die verleumdete Frau rettungslos verloren. Ganz gleichgültig, wie sie sich verhält.

Entweder hat sie einen schlechten Leumund. Dann war es dem Teufel ein leichtes, sie zur Hexerei zu verführen. Oder sie hat bisher ein vorbildliches Leben geführt. Dann ist sie ganz bestimmt schuldig, weil niemand sich so raffiniert hinter der Maske der Frömmigkeit zu verstecken weiß wie eine Hexe.

Entweder zeigt sie, daß sie Angst hat. Dann spricht aus ihr das schlechte Gewissen. Oder sie gibt sich unerschrocken. Aber gerade das pflegen Hexen zu tun: „Der Teufel", heißt es, „macht sie mutig."

Entweder bleibt sie, vor Angst, Unwissenheit und Elend, stumm. Dann beweist das, daß sie ihren Buhlen, den Teufel, nicht verraten will. Oder sie verteidigt sich. Dann sagen alle: „Wenn das keine Hexe wäre, könnte sie so zungenfertig nicht sein."

Entweder verdreht sie auf der Folterbank die Augen. Dann ist das ein besonders sicheres Indiz:

„Sehet, wie sie nach ihrem Buhlteufel schaut!“ Oder sie starrt vor sich hin. Dann ist sie überführt: „Seht, sie hat ihn schon gefunden.“

Entweder überlebt sie alle Grade der Folter. Dann ist der Satan mit übermenschlicher Kraft in sie gefahren. Oder sie stirbt auf der Folterbank. „Dann sagt man, der Teufel habe ihr den Hals gebrochen.“

Entweder gesteht sie, oder sie leugnet. Sie leugnet vielleicht, wie Katharina von Henoth, durch alle Grade der Tortur. Dann ist sie erst recht überführt. Mit menschlichen Kräften sind solche Qualen ja nicht auszuhalten. Also steht sie im Bunde mit dem Satan. Mit seiner Hilfe hat sie „einen Schweigezauber verübt“.

Oft steht freilich in den Akten, die Hexe sei unzweifelhaft überführt, denn sie habe „ohne Folter“ gestanden. Landesherren lesen diese Formulierung besonders gern, schreibt Spee, er sei ihr deshalb nachgegangen und auf einen verblüffenden Tatbestand gestoßen. Es gebe nämlich unter Hexenrichtern eine feste Sprachregelung. „Hat ohne Folter gestanden“: Dieser Aktenvermerk besagt in Wirklichkeit: Sie hat beim ersten Grad der Folterung gestanden. Das sind die „Spanischen Stiefel“.

Zuerst wird die Unglückliche nackt ausgezogen. Die Haupthaare werden ihr abgeschnitten, die Schamhaare abgesengt. Dann suchen die Folterknechte in ihrer Scheide nach dem „Teufelsamulett“. Es bedarf nicht der kranken Phantasie eines Hexenjägers, um sich den sexuellen Mißbrauch vorzustellen, der bei dieser Gelegenheit mit der wehrlosen Frau getrieben wird. Männern geht es übrigens kaum besser.

Jetzt die „Spanischen Stiefel“. Das ist eine Eisenpresse mit scharfen Zähnen, die festgeschraubt und so lange gedreht wird, bis das Wadenbein zu einem blutigen Brei zerquetscht ist. Manchmal zersplittert das ganze Schienbein. Spee bekennt: „Ich könnte solche Mißhandlungen so wenig ertragen, daß ich mich sicher gleich von Anfang an jedes Verbrechens bezichtigen und lieber den Tod hinnehmen würde als solche Qualen. Was soll man da von dem schwachen Geschöpf des Weibes erwarten?"

Reichen die „Spanischen Stiefel" nicht für ein „Geständnis ohne Folter", dann sind der Phantasie der Folterknechte kaum mehr Grenzen gesetzt. Zum Beispiel gibt es das „tormentum insomniae", die „Schlaflosigkeitstortur". Dabei wird die Frau Tag und Nacht ruhelos im Kreis herumgejagt, bis sie den Verstand verliert. Oder sie wird auf dem „Hexenstuhl" geröstet. Das ist eine Art Nagelbrett, unter dem ein Feuer brennt.

Meistens aber wird die Angeklagte „gestreckt". Entweder werden ihr auf dem „gespickten Hasen" die Glieder mit Kurbeln und Winden auseinandergerissen, oder sie wird mit einem schweren Gewicht an den Füßen an einem Seilzug aufgehängt. Von Zeit zu Zeit versengt ihr der Folterknecht die Achselhöhlen oder die Fußsohlen mit brennendem Schwefel. „Kein deutscher Edelmann", klagt Spee, „würde es ertragen können, wenn man seinen Jagdhund so zerfleischte."

Und dann die Beichtväter: „Man schickt zu der Gefangenen zudringliche Priester, die sie oft mehr quälen als der Henker selbst." Und dann die Professoren der Juristischen Fakultät mit ihren Gutachten, meist des Inhalts, man solle die Frau noch einmal foltern, wenn sie dann kein Geständnis ablege, müsse sie lebendig verbrannt werden.

„Du Elende!" ruft Friedrich Spee aus. „Worauf hast du gehofft? Warum hast du dich nicht gleich auf der Schwelle des Kerkers schuldig bekannt? Törichtes Weib! Warum willst du den Tod so viele Male erleiden, einmal gleich zu Anfang hätte genügt. Nimm meinen Rat an, sag stracks zu, du seiest eine Hexe. Und stirb. Denn du kannst nicht entrinnen.

So etwas läßt der Eifer des Richtens bei uns Deutschen nicht zu."

Wenn sich die Folterknechte damit zufrieden gäben! Aber sie wollen ja viel mehr wissen als nur das Eingeständnis eigener Untat. Nicht eher legen sie ihre Werkzeuge beiseite, bevor nicht die arme Frau die Namen aller jener andern Hexen genannt hat, mit denen sie sich auf dem Hexensabbat getroffen hat. Denn eine einzelne Hexe gibt es nie. Wichtigstes Ziel des Hexenprozesses ist es, die ganze „Hexensekte" aufzudecken.

Das ist der Teufelskreis der Denunziation. Hat einmal in einer Stadt ein Hexenprozeß begonnen, so setzt er sich zwangsweise mit einer endlosen Serie von weiteren Hexenprozessen fort. Hexenjagd ohne Ende: „Wenn das so weitergehen soll, so ist kein Ende der Hexenverbrennungen abzusehen, bis nicht das ganze Land von Menschen leergeräumt ist."

Warum aber wütet der Hexenwahn in Deutschland so viel schlimmer als in andern Ländern? Warum scheint es in Deutschland so viele Hexen zu geben, in Spanien keine? Warum zeigen die Nachbarvölker mit dem Finger auf dieses eine Land: „Schaut da Deutschland, so vieler Hexen Mutter!"

Diese Frage stellt sich Friedrich Spee durch sein ganzes Buch immer wieder. Die Antwort findet er nicht. Auch wenn er ihr ganz nahe kommt mit dem Satz: „Mir scheint es lächerlich, wenn wir uns einbilden, es gäbe so unglaublich viele Hexen in Deutschland – während wir in eben dieser Weise den Prozeß führen."

Vielleicht hat es Spee nicht gewußt, vielleicht hat er sich nicht getraut, es zu schreiben: Spanien ist frei von Hexen, Deutschland voll davon, weil die gleiche kirchliche Behörde, die in Deutschland den Hexenwahn anheizt, ihn in Spanien bekämpft. Das ist die „Heilige Inquisition".

In Spanien ist die Inquisition eine staatliche Behörde mit festem Status, großer Macht und hohem Prestige. Erst mußte sie Mauren und Juden verbrennen, später Protestanten. Damit hat sie genug zu tun. Von Hexen will sie nichts wissen. Im Gegenteil: Hexenjäger müssen in Spanien selber mit dem Scheiterhaufen rechnen.

Damit setzt die spanische Inquisition unbeirrt die katholische Tradition des Mittelalters fort. Auch in Deutschland galt ja lange der Beschluß der Kirchenversammlung von Paderborn aus dem Jahre 785, der jeden mit der Todesstrafe bedroht, der es wagt, „nach Art der Heiden" einen andern Menschen als Hexe zu verleumden oder gar zu verbrennen. In Spanien gilt das noch immer. In Deutschland gilt jetzt das Gegenteil. Warum?

Weil es in Deutschland der Inquisition schlecht geht. Inquisitoren wie Konrad von Marburg oder der „Einäugige Johannes" haben hier im 13. Jahrhundert so krankhaft gewütet, daß die meisten Landesväter, auch die geistlichen, von dieser Sorte religiöser Polizei nichts mehr wissen wollen. Charakteristisch für das miserable Prestige und die geringe Macht der Inquisition in Deutschland ist der Empfang, den im Jahre 1486 der Bischof von Brixen dem Inquisitor Institoris bereitete: Er hörte den Dominikaner eine Weile an, sagte ihm dann ins Gesicht, er leide an „Altersschwachsinn" und warf ihn aus dem Land.

Leider war Institoris erst 55 Jahre alt. Noch im selben Jahr schlug er im wahrsten Wortsinn zu: Zusammen mit seinem Kölner Kollegen, dem Inquisitor Jakob Sprenger, veröffentlichte er den „Hexenhammer".

Aus diesem „schauerlichsten Buch der Weltliteratur" (Kurt Baschwitz) erfahren die Deutschen, daß sie bedroht sind durch eine neue, satanische Sekte. Sie besteht fast nur aus Frauen, die sich nächtens versammeln zu unflätigen Tänzen mit dem Teufel. Aus dem Geschlechtsverkehr mit „Mannsteufeln" („incubi") und „Weibsteufeln" („succubi") gewinnt diese Sekte eine satanische Zauberkraft: Hagel, Dürre, Raupen, Schnecken, Mißgeburten, Impotenz – an allem sind die Hexen schuld.

Warum verbreiten die beiden deutschen Inquisitoren einen „Altersschwachsinn", für den sie in Spanien von ihren eigenen Kollegen verbrannt würden? Das ist leicht durchschaubar: Für Sekten ist die Inquisition zuständig. Gibt es nicht nur einzelne Hexen im Aberglauben des Volkes, sondern wirklich eine ganze Hexensekte, so brauchen die deutschen Landesfürsten dringend das, wovor sie sich drücken: mehr Inquisition.

Kein mittelalterliches Buch. Zu Beginn der Neuzeit ist der „Hexenhammer" der geniale Versuch einer frustrierten Verfolgungsbehörde, sich mit dem neuen Massenmedium Buch Einfluß und Macht zu verschaffen. Kein mittelalterliches Buch: Sprenger und Institoris machen sich ja gerade jenen Aberglauben zunutze, den die katholische Kirche im Mittelalter bekämpft hat.

Sechzehn Auflagen hat der „Hexenhammer" allein in Deutschland. Aber das Buch hat einen ganz andern Erfolg, als ihn sich die beiden Hammerschmiede gewünscht haben. Wohl flackern im 16. Jahrhundert überall die Scheiterhaufen auf, bis sie sich im 17. vereinigen zu einem einzigen großen Brand. Wohl wird, um die „Verschwörung" der „Hexensekte" aufzudecken, jenes Folterverfahren des „Inquisitionsprozesses" angewandt, bei dem die Angeklagte keine Chance hat davonzukommen.

Aber man holt dafür in aller Regel die Väter von der „Päpstlichen Inquisition" nicht selbst. Deutschland hat dreihundert Landesfürsten. Jeder betreibt Hexen-Inquisition auf eigene Faust. Jeder will sein eigener Groß-Inquisitor sein. Die Reformation ändert daran nichts mehr. Im Gegenteil: Die evangelischen Landesfürsten sind ja besonders selbständig.

Das ist die Situation, die Spee vorfindet und die er mit seinem Prozeßbuch in die richtige Perspektive rückt: Längst bringt nicht mehr der Wahn den Prozeß hervor, sondern umgekehrt der Prozeß den Wahn. Wenn etwas in besonderem Maße deutsch ist an der Hexenverfolgung, dann dies: Es handelt sich um einen behördlich veranstalteten Wahn.

Deshalb verwendet Spee etwa ein Drittel seines Buches darauf, nach den Verantwortlichen zu suchen. Er kommt zu einem überraschenden Befund: Verantwortlich fühlt sich niemand.

Sind etwa die Hofbeichtväter verantwortlich, die ihren Fürsten zur Hexenjagd aufhetzen? Nach Spees Beobachtungen handelt es sich um „einen Typ von Theologen und Prälaten, die gemütlich in ihren Studierstuben sitzen". Wie so ein Folterprozeß wirklich abläuft, wissen sie ehrlich nicht: „Gefängnisse besichtigen, den Klagen der Unglücklichen Gehör schenken, das wäre ja auch unvereinbar mit ihrer Würde und mit ihren wissenschaftlichen Verpflichtungen."

Die meisten haben auch ein unerhört naives Vertrauen in die Justiz: „Sie glauben, alle Richter und Inquisitoren in diesen Hexenprozessen seien genauso fromm und einfältig wie sie selbst, und sie empfinden es als unerhörten Frevel, wenn einer nicht alle Gerichte als unantastbar und unfehlbar verehrt."

Liegt die eigentliche Verantwortung also bei der Justiz? „Ein Hexenrichter", berichtet Spee, „sagte mir: Ich weiß wohl, daß auch Unschuldige in unsere Prozesse hineingeraten. Aber ich mache mir da keine Sorgen. Wir haben ja einen sehr gewissenhaften Fürsten, der uns dauernd drängt. Der wird jedenfalls wissen und in seinem Gewissen bedacht haben, was er befiehlt."

Fazit: „Der Fürst meint, da werden meine Beamten zusehen, und die Beamten sagen, da wird unser Fürst schon zusehen. Was ist das für ein Teufelskreis? Denn wo die Beamten zusehen sollten und der Fürst zusehen sollte, da sieht gar keiner zu."

Während die deutsche Öffentlichkeit noch sieben Jahrzehnte rätselt, wer so etwas unter der Maske eines „theologus romanus" zu schreiben wagte, wissen ein paar Eingeweihte sofort Bescheid. So zum Beispiel der Paderborner Weihbischof Pelcking, der, kaum hat er die Schrift in die Hand bekommen, dem Bischof von Osnabrück schreibt, dieses „liber pestilentissimus" („völlig verpestete Buch") rieche nur so nach dem Jesuiten „Fridericus Spe", mit dem er in Paderborn schon Ärger genug gehabt habe.

Noch ein zweiter Personenkreis ist im Bilde. Das sind die Kölner Jesuiten, insbesondere die Patres Horn, Mohr und Roestius. Spee nennt wohl nicht ihre Namen. Aber er porträtiert sie genau in seinen Anklagen gegen verantwortungslose Beichtväter und Ratgeber der Fürsten.

Sprenger und Institoris waren noch, wie die meisten Inquisitoren, Dominikaner. Aber die Reformation hat diesem korrupten Orden Schläge versetzt, von denen er sich in Deutschland nicht wieder erholen wird.

An die Stelle der Dominikaner sind die Jesuiten getreten. Fast überall sind sie die Beichtväter der katholischen Fürsten. Von Würzburg bis Köln sind es Jesuiten, die den Hexenwahn anheizen. Mögen sich evangelische Hexenjäger noch an den „Hexenhammer" halten, bei katholischen Richtern gilt er als überholt. Man liest jetzt Delrio.

Das ist genau der gleiche unmenschliche Wahnsinn. Aber viel raffinierter formuliert. Viel logischer begründet. Viel moderner. Eben nicht von zwei plumpen Bettelmönchen, sondern von einem Jesuiten.

Spee hält sich dran. Während er den beiden überholten Hammerschmieden kaum Beachtung schenkt, greift er seinen Ordensbruder Martin Delrio zwanzigmal schonungslos an.

Nestbeschmutzung? Nein, gute katholische Tradition. Auch der Dominikaner-Orden hat ja in den Zeiten seiner Blüte nicht nur die schlimmsten Inquisitoren hervorgebracht, sondern auch ihre besten Opfer. Jetzt ist es die blühende „Gesellschaft Jesu", die nicht nur einen Delrio hervorbringt, sondern auch einen Spee.

So kann denn auch von einhelliger Empörung über dieses Buch bei den deutschen Jesuiten nicht die Rede sein. Aus dem Brief des Paderborner Weihbischofs geht hervor, daß es Jesuiten sind, die das Pamphlet in seinem Bistum herumreichen. Auf Unterstützung kann Spee auch bei jenen süddeutschen Jesuiten um Adam Tanner zählen, die seit vier Jahren versuchen, den Hexenwahn einzudämmen.

So ist das im Jahre 1632. Der Kölner Provinzial der Niederdeutschen Ordensprovinz weiß, daß kein anderer als Friedrich Spee das Buch verbrochen hat. Aber ist es gut für das Prestige des Ordens, wenn der Skandal in die Öffentlichkeit getragen wird? Wohl macht Pater Vitelleschi, der Ordensgeneral in Rom, den Vorschlag, Spee solle eine „gereinigte Fassung" seiner Schrift mit vollem Namen und mit der Druckerlaubnis des Ordens veröffentlichen, womit dann alles Anstößige dem evangelischen Verleger in die Schuhe geschoben werden könnte. Aber wie ein solches Pamphlet reinigen? Ist es nicht besser, die Frage nach dem Autor in Vergessenheit geraten zu lassen? Genügt es nicht, daß Friedrich Spee mitten im Semester sein Lehrauftrag an der Paderborner Hochschule in demütigender Weise entzogen worden ist?

In diesem Augenblick erscheint tatsächlich eine zweite Fassung der „Cautio criminalis". Aber keine gereinigte, sondern eine verschärfte. Der Frankfurter Verleger Johannes Gronaeus bringt sie heraus mit einem Vorwort, in dem er von der begeisterten Aufnahme berichtet, welche die erste Auflage nicht nur in der Öffentlichkeit gefunden habe, sondern auch beim Reichskammergericht in Speyer, das viele Jahre machtlos versucht hatte, gegen die uferlose Verwilderung der Hexenprozeßpraxis einzuschreiten. Der katholische Verfasser sei auch ihm nicht näher bekannt, die neue, verbesserte Fassung des Manuskripts habe er von einem Freund aus Marburg.

Jetzt reicht es Pater Gowinus Nickel, dem Provinzial der niederdeutschen Jesuiten. Denn was die moderne Textkritik bestätigt, das sticht auch den Kölner Jesuiten sofort in die Nase: Nach Stil und Gedankenführung kann kein anderer die neue, verschärfte Fassung besorgt haben als Friedrich Spee selber. Seine erste Schutzbehauptung, ihm sei ein Manuskript gestohlen worden, das er gar nicht habe veröffentlichen wollen, ist als Lüge entlarvt. Offensichtlich treibt er mit lebensgefährlicher Frechheit immer weiter das Spiel, über evangelische Strohmänner ein Buch in die Öffentlichkeit zu bringen, für das er niemals die Druckerlaubnis seines Ordens bekäme.

Da erinnert man sich in Köln daran, daß Spee, obwohl schon über vierzig, noch gar kein volles Mitglied der „Gesellschaft Jesu" ist. Er hat ja nur die ersten Gelübde abgelegt, kann also jederzeit entlassen werden. Was immer dann sein weiteres Schicksal sein wird, den Jesuiten-Orden trifft's nicht mehr. Der Form halber legt man Spee nahe, selber um seine Entlassung aus dem Orden zu bitten.

Dagegen wehrt er sich in Köln und in Rom. Aber die schweren Anfeindungen durch die eigenen Ordensbrüder haben ihm aufs Gemüt geschlagen. Er bittet Pater Nickel, ihn in das von den Schweden besetzte Mainz zu schicken. Dort will er sich aufopfern bei der Pflege pestkranker Soldaten.

Der Provinzial Gowinus Nickel kann kein finsterer Wüterich gewesen sein. Er hat auch ganz andere Sorgen. Der Glaubenskrieg hat eine katastrophale Wendung genommen. Die Schweden besetzen Süddeutschland. Unter diesen Umständen schiebt der Provinzial die Entscheidung über Spees Schicksal auf und schickt ihn statt nach Mainz nach Trier.

Dort sind die Jesuiten in Ungnade, weil sie als kaiserlich gelten, während Kurfürst Philipp Christoph es mit den Franzosen hält. Aber in Trier ist Friedrich Spee wenigstens in Sicherheit vor den Hexenjägern des Kölner Erzbischofs, der sich durch die „Cautio criminalis" persönlich verleumdet fühlt.

In Trier verlebt Friedrich Spee noch zwei gute und fruchtbare Jahre. Der Leiter des Trierer Ordenshauses, Pater Heinrich Türck, ist ein verschwiegener Gesinnungsfreund, der die „Cautio criminalis" rühmt als „ein überaus nützliches Buch", „von vielen mit großer Begeisterung aufgenommen". Unter seinem freundschaftlichen Schutz erholt sich der Gejagte in Trier bei einer ganz anderen Beschäftigung:

„Nach mir will ich verlassen
In meinem Testament
Ein liedlein schön ohn massen
Zum Gotteslob verwendt."

Dieser kraftvolle, bittere Polemiker gegen Bosheit, Dummheit und Aberglauben ist zu gleicher Zeit ein Poet von außerordentlicher Zartheit und Fröhlichkeit des Gemüts. Von ihm stammen einige der schönsten religiösen Gedichte unserer Sprache. Zum Beispiel dieses Adventslied, das heute in beiden Kirchen gesungen wird:

„O Heiland, reiß die Himmel auf,
Herab, herab vom Himmel lauf;
Reiß ab vom Himmel Tor und Tür,
Reiß ab, wo Schloß und Riegel für.

O Gott, ein Tau vom Himmel gieß,
Im Tau herab, o Heiland, fließ.
Ihr Wolken brecht und regnet aus
Den König über Jakobs Haus.

Wo bleibst du, Trost der ganzen Welt,
Darauf sie all ihr Hoffnung stellt?
O komm, ach komm vom höchsten Saal,
Komm, tröst uns hier im Jammertal.

Hier leiden wir die größte Not,
Vor Augen steht der ewig Tod.
Ach komm, führ uns mit starker Hand
Vom Elend zu dem Vaterland."

Friedrich Spee ist neben Martin Opitz der bedeutendste Pionier für den Gebrauch der deutschen Sprache in der Dichtkunst. Aber während die Zeitgenossen den schlesischen Protestanten mit dem Lorbeer krönen, bleibt Spee auch als Dichter unbekannt. Seine Kirchenlieder erscheinen anonym. Die beiden dichterischen Werke, die er in Trier vollendet, die „Trutz-Nachtigall" und das „Güldene Tugend-Buch", werden erst vierzehn Jahre nach seinem Tod in Köln veröffentlicht, dann allerdings mit vollem Namen und mit Druckerlaubnis des Jesuiten-Ordens.

Aber der Ruhm läßt weiter auf sich warten. Selbst Leibniz, der große Bewunderer der „Cautio criminalis", wußte mit Spees Versen nichts anzufangen. Entschuldigend meint er, ein Katholik sei wohl mit der deutschen Sprache überfordert: „Allein bei den Papisten wissen sie fast noch nicht, was guthe Teutsche Verse seyn." Erst Clemens Brentano und die Romantiker haben in Friedrich Spee einen der großen geistlichen Dichter unserer Sprache erkannt.

Was die Schönheit der Verse von Friedrich Spee ausmacht, und was sie zugleich verbindet mit seinem polemischen Werk, hat Heinrich Böll auf drei ganz einfache Begriffe gebracht: Nie bot Spee billigen Trost, nie auch versank er in Trostlosigkeit; untröstlich aber war er allezeit.

Im Winter 1634/35 lagern die Kaiserlichen vor der französisch besetzten Stadt Trier. Der Kurfürst wirft den Jesuiten vor, mit dem Feind unter einer Decke zu stecken und befiehlt ihnen, die Stadt bis zum 27. März zu verlassen. Dazu kommen sie gar nicht mehr. Am 26. März, noch vor dem Morgengrauen, überrumpeln die Landsknechte des Kaisers die französischen Wachen und dringen in die Stadt ein.

Beim ersten Lärm verläßt Spee die Kapelle der Jesuiten. Vier Stunden lang mischt er sich mitten in den blutigen Straßenkampf, versieht die Sterbenden, verbindet die Verwundeten, schützt Fliehende und vertreibt Plünderer.

In den folgenden Wochen pflegt er verwundete Spanier und Franzosen: „Sie seind iämmerlich verwund, gestochen, gehawen, geschossen, gequetschet, halber todt, halber lebendig, man muss ihnen in die wunden mit allerhand instrumenten hineinfahren, die kuglen außnehmen, mit scharpfer matery reinigen, das faule außschneiden, die bein mit einer sägen absagen."

Bei der Pflege pestkranker Soldaten hat sich der Jesuit im Sommer selbst die Pest geholt. Am 7. August 1635, im Alter von 44 Jahren, ist er daran gestorben.

Ist Friedrich Spee von Langenfeld ein Heiliger? Es gibt in der katholischen Tradition einen Ehrentitel, der besser zu ihm paßt. Einen Mann, in dessen religiösem Charakter sich zarte Poesie mit unbestechlicher Intelligenz verbindet, Freundlichkeit mit Courage, so einen nannten wir einst einen „vir evangelicus".

Nicht im Sinne eines konfessionellen Etiketts, sondern im alten ungeteilten Wortsinn ist der Jesuit Friedrich Spee ein „evangelischer Mann".

Über dieses Bild, das sie im Alter von 61 Jahren zeigt, hat sich Theresia von Ávila geärgert: „Gott möge dir verzeihen, Bruder Juan. Du hast mich häßlich und triefäugig gemalt“

IV

Theresia von Ávila
Die Emanzipation einer Nonne

Ganz Ávila ist außer sich: „Diese Frau spinnt!" Ganz Ávila ist einer Meinung: „So etwas darf eine Frau nicht."

Ávila ist eine kleine spanische Stadt westlich von Madrid. Die Frau, der die Aufregung gilt, heißt Doña Teresa de Ahumada. Sie ist eine Nonne aus dem Karmelitinnen-Kloster „De la Encarnación – Zur Menschwerdung Jesu Christi". Mehr als einmal schon ist sie der Inquisition aufgefallen durch ihre eigenwilligen Berichte über Erlebnisse in der Meditation. Am 24. August 1562 stürzt sie Ávila in den Skandal.

Unter dem Vorwand, sie müsse ihrer verheirateten Schwester Juana beim Umzug helfen, entweicht Doña Teresa im ersten fahlen Schein der Morgendämmerung aus dem Kloster „Zur Menschwerdung". Am andern Ende der Stadt trifft sie sich mit vier jungen Nonnen. Gemeinsam besetzen sie im Quartier San Roque ein ärmliches Haus, an dessen Instandsetzung sie seit Wochen heimlich gearbeitet haben. Dann sehen die fünf Frauen einander an. Sie wissen, was ihnen bevorsteht. Beherzt zieht Doña Teresa am Strick.

Die Glocke – aus zweiter Hand billig gekauft – hat einen Sprung. Das gräßliche Gebimmel jagt ganz Ávila aus dem Bett. Im Nu verbreitet sich die Kunde: Doña Teresa hat mit vier Freundinnen ein eigenes Kloster gegründet. Ein Reformkloster. Sie nennt es „Zum heiligen Josef von Ávila". Das klingt weiß Gott harmlos. Es dauert ein paar Stunden, bis den

Bürgern von Ávila klar wird, was es bedeutet: Das neue Kloster hat keine Rente! Kein Vater, kein Bruder hat eine Versorgungs-Zusage unterschrieben. In völliger Bedürfnislosigkeit wollen die fünf Frauen sich der Meditation widmen. Mit eigener Arbeit, mit Weben und Nähen, wollen sie sich durchbringen. Aber weiß man nicht, in welche moralischen Tiefen Frauen fallen, wenn sie sich selber durchbringen wollen?

Der zuständige Mönch wird aus dem Bett geholt. Das ist der Ehrwürdigste Pater Angel de Salazar. Er hat keine Ahnung. Die fünf Weiber haben völlig eigenmächtig gehandelt. Den Ehrwürdigsten Pater Provinzial der Karmeliten haben sie übertölpelt!

Jetzt machen die Händler und die Handwerker von Ávila ihre Läden zu. In hellen Scharen ziehen Männer und Frauen vors Rathaus: „Schützet unsere Kinder!" Die „Junta" tritt zusammen, ein Krisenstab, bestehend aus den Spitzen aller kirchlichen und politischen Behörden der Stadt.

Das zuständige Gericht, das Consistorio, wird einberufen. Es beschließt, das illegale Kloster zu räumen und die aufsässige Weiberkommune auseinanderzujagen – wenn nötig mit Gewalt.

Um die Gewalt kümmert sich bereits das gesunde Volksempfinden von Ávila. Mann an Mann wälzt es sich durch die engen Gassen um das winzige Frauenhaus „Zum heiligen Josef". Die einen werfen Steine. Die anderen rammen die Tür. Im Chor erklingt das Hohngelächter: „Loca! Loca! Spinnerin!"

Spinnerin? Heute, vierhundert Jahre danach, gilt Theresia von Ávila als größte Heilige der katholischen Kirche und als Klassikerin der christlichen Meditation. Papst Paul VI. hat ihr 1970 als erster Frau den höchsten katholischen Ruhmestitel verliehen: „doctor Ecclesiae – Lehrerin der Christenheit." Warum war sie dann für so viele ihrer Zeitgenossen nur eine Spinnerin?

Nur eine Tagesreise ist's von Ávila nach Salamanca, zur glanzvollsten Universität des Jahrhunderts. Dort hat Professor Domingo de Soto (1495 bis 1560) gerade gelehrt: „Von allen kirchlichen Würden auszuschließen sind Frauen, ferner Zwitter, die eher Frauen sind als Männer, sowie Mißgeburten, Scheusale und unheilbar Geisteskranke."

Dem mächtigsten Heiligen der Epoche, dem Gründer des Jesuiten-Ordens, Ignatius von Loyola, fällt in den „Geistlichen Exerzitien" kein frömmeres Bild ein als dieses: „Der Satan verhält sich wie eine Frau."

In eine solche Welt wird am 28. März 1515 Teresa de Ahumada geboren. „Wenn ich daran denke", schreibt sie in ihrer Autobiographie, „daß ich als Frau geboren bin, dann fühle ich mich wie gelähmt."

Sieben Brüder hat sie. Alle sieben brechen auf nach Amerika, hinter Kolumbus her. Einer nach dem anderen. Fernando, der älteste, landet in Peru und erobert mit Francisco Pizarro das Reich der Inka. Rodrigo, ihr Lieblingsbruder, bricht auf zum „Silberstrom", zum Rio de la Plata. Alle sieben werden zurückkehren auf Schiffen voll Silber und voll Gold. Und mit Geschichten von den größten Abenteuern, die Europäer je erlebten.

Und sie? Bevor Rodrigo aufbricht zum Silberstrom, vermacht er der Schwester sein Teil vom väterlichen Erbe. Damit sie gut versorgt zurückbleibt.

Daheim sitzt sie und liest die gleichen Kitsch-Romane wie schon ihre Mutter: über „Amadis" und „Lisuarte". Darin erfährt sie, daß einer jungen Frau auch ein kurzes Abenteuer zusteht. Das ist die Romanze, die zur Heirat führt. „Sobald ich spürte", schreibt die heilige Theresia von Ávila in ihrer Autobiographie, „daß ich einem Mann gefiel und er mir, erfaßte mich eine solche Zuneigung zu ihm, daß ich ohne Unterlaß an ihn denken mußte."

Aus den Mauern von Ávila wollte Theresia schon als kleines Mädchen ausbrechen. Alle ihre Brüder brachen auf nach Amerika. Ihr blieb allein das Abenteuer der Seele

Pedro heißt er. Für ihn parfümiert sie sich mit Muskat und Bergamotte. Für ihn bindet sie ihre Haare hoch nach der Mode des Hofes in Madrid. Für ihn schmückt sie sich mit einer Kette aus Gagat, weil das so gut zum dunklen Feuer ihrer Augen paßt. Eines Nachts steckt Pedro der Magd ein paar Dukaten zu, damit sie ihn auf Teresas Zimmer läßt.

Und dann? Es geht Teresa mit Pedro wohl, wie es vielen jungen Frauen geht: Er hinterläßt in ihr mehr Verachtung als Sehnsucht.

Heiraten? „Nie ist es mir gelungen", erinnert sich die Heilige, „meinen Verstand jemandem unterzuordnen, dem es daran fehlt." Die Ehe aber ist Unterordnung. Intrigieren ja. Aber offen dem Ehemann widersprechen? Das ist undenkbar für eine spanische Frau ihrer Zeit.

Sie denkt an ihre Mutter: mit 15 verheiratet und geschwängert, von einem Kindbett ins andere geworfen, immer leidend, immer lächelnd, mit Kitsch-Romanen getröstet, mit jedem Kindbett schwächer, mit 27 tot.

„Welche Gnade", schreibt Theresia, „wenn Gott einer Frau die Tyrannei eines Ehemannes erspart. Sehr oft richtet er ihren Körper zugrunde. Und manchmal auch die Seele."

Alle Skandale der heiligen Theresia finden statt im ersten Morgenlicht. In der fahlen Dämmerung eines Novembermorgens steht 1535 eine junge Frau vor der Pforte des Karmelitinnen-Klosters „Zur Menschwerdung". Sie zittert vor Todesangst. Nicht nur fühlt sie sich außerstande, sich einem Eheherrn unterzuordnen. Auch ihrem allmächtigen Vater hat sie den Gehorsam aufgekündigt. Trotz des strengen Verbotes dieses spanischen Patriarchen wird Teresa mit 20 Jahren Nonne.

Seit drei Jahren hat sie mit diesem Gedanken gespielt. Denn es gibt ein zweites, ein wirklich großes Abenteuer, das auch der Frau offensteht: die Ent-

Vor Todesangst zitternd stand Theresia mit zwanzig Jahren vor dieser Klosterpforte in Ávila. Gegen den Willen ihres Vaters wurde sie Nonne

deckungsreise nach innen. Die Kunst, zu sich selbst zu kommen. Das Abenteuer der Seele ist die Meditation.

Schon im Mittelalter waren die Frauenklöster Schulen der Meditation. Welcher Mann jener Zeit hätte sich an innerer Erfahrung messen können mit der großen Mechthild von Magdeburg, mit der heiligen Hildegard von Bingen? Die braun und weiß gekleideten Karmelitinnen – der Orden stammt ursprünglich vom Berg Karmel in Palästina – gelten schon damals als der Meditation besonders zugewandt. Bei ihnen tritt Teresa ein.

Es ist das Wesen jedes Abenteuers, daß es scheitern kann. Der Aufbruch der heiligen Theresia zu Gott endet in der Katastrophe. Es geht ihr, wie es auch heute jedem Anfänger in der Meditation geht: Sie entdeckt in sich gar nichts. Nichts außer Angst und Langeweile. Keiner kommt in der Meditation voran, wenn er sich nicht zuerst in diese Erfahrung fügt. Aber Teresa und sich fügen? Sie geht mit ihrer Seele, sie geht mit Gott um wie ihre Brüder mit dem Gold der Inka. Alles will sie haben und sofort. Sie stürzt ins Leere. Ihr Vater, der sie im Kloster besucht, ist über ihren Gesichtsausdruck entsetzt.

Zuerst bekommt sie Schwindelanfälle und Magenkrämpfe. Sie leidet unter Schlaflosigkeit. Dann verschlimmert sich der psychische Krampf. Neun Monate lang ist sie am ganzen Körper gelähmt. Die Ärzte geben sie auf. Am 15. August 1539 geht die Nachricht durch Ávila: „Doña Teresa de Ahumada ist tot."

Kein Atem trübt den Spiegel vor ihrem Mund. Heißes Wachs wird auf ihre Augenlider geträufelt – sie bewegen sich nicht. Sie wird gewaschen, in Leinentücher gehüllt und aufgebahrt. Es beginnen die langen spanischen Totenwachen. Am vierten Morgen – ihr Grab ist schon ausgehoben – schlägt Teresa die Augen auf.

„Auferstanden von den Toten?" So himmlisch ist das nicht. Sie hat die Nervenkrankheit überlebt. Aber ihr Lebensmut ist gebrochen. Sie gibt sich auf. Zum erstenmal in ihrem Leben paßt sie sich an. Hilflos, willenlos bemüht sie sich, nur noch zu sein wie alle anderen.

Hundertachtzig Nonnen hat das Kloster „Zur Menschwerdung". Die meisten heiratsfähigen jungen Männer sind ja nach Amerika gezogen. Viele kommen dort um. Von den in Spanien verbliebenen Männern ist schätzungsweise jeder vierte Priester oder Mönch.

Hohe Schule der Meditation? Ach Gott. Das Kloster „Zur Menschwerdung" ist nicht mehr als eine Kaserne zur Versorgung von möglichst vielen unverheirateten Frauen aus gutem Hause. Allerdings eine komfortable Kaserne.

Teresa de Ahumada ist aus besonders gutem, aus adeligem Hause. Ihr Vater hat sich nachträglich doch zu einer standesgemäßen Rente verpflichtet. Viel bequemer, aber auch viel deprimierender, als wenn sie geheiratet hätte, ist Teresa jetzt in ihrem Zwei-Zimmer-Appartement im Kloster „Zur Menschwerdung" versorgt. In einem nutzlosen Monsterbetrieb voll Intrigen und Geschwätz. „So", schreibt sie, „lebte ich viele Jahre."

Die Lebensmitte ist oft eine gute Zeit für Menschen, die in der Jugend unter unerträglich starker Angst gelitten haben. Mit 38 erst fängt sich die Nonne von Ávila. Vor einem Bild des Gekreuzigten löst sich ihre Verkrampfung in Tränen. Sie erlebt ihre „zweite Bekehrung".

Gibt es nicht einen deutschen Mönch, dem es ähnlich ergangen ist? Von dem wortwörtlich der Satz stammen könnte, den sie niederschreibt: „Nicht so sehr aus Liebe zu Gott bin ich Nonne geworden; es geschah vielmehr aus der Angst eines unfreien Menschen."

Theresias Zelle in San José, ihrem ersten Reformkloster in Ávila. Auf dem Boden sitzend schrieb die Heilige hier das Meditationsbuch „Der Weg zur Vollkommenheit"

Martin Luther. Gewiß, er ist ein deutscher Ketzer und sie eine spanische Heilige. Aber in der radikalen Besinnung auf Gott sind die beiden einander ähnlich wie Bruder und Schwester. „Durch den Glauben allein", sagt er. „Gott allein ist genug", sagt sie. Und wie er erlebt sie die göttliche Gnade: „Die Kräfte wachsen mir zu, ich weiß nicht wie. Sie sind mir geschenkt. Ich strenge mich nicht an, sie zu erlangen."

Aus dem hysterischen Fräulein wird eine souveräne Frau.

Was tut sie an jenem dramatischen 24. August 1562, als die Stadtpolizei von Ávila aufmarschiert, um ihre Klostergründung, das Josefsklösterchen, zu stürmen und die fünf unbotmäßigen Nonnen zu verjagen? Papier gegen Papier. Ungerührt hält sie dem richterlichen Räumungsbefehl ein päpstliches Reskript (Verfügung) entgegen, das jeden, der ins Kloster eindringt, mit der Exkommunikation bedroht. Dieses Reskript hat sie sich in Rom besorgen lassen, unter Umgehung des gesamten spanischen Amtsweges. Aber es nützt fürs erste. Die Polizei zieht ab. Etwa ein halbes Jahr später fängt Ávila an, sich an die religiöse Frauenkommune zu gewöhnen.

Nach diesem Muster gründet Teresa nacheinander in ganz Spanien siebzehn Klöster. Immer ist es eine Hausbesetzung im frühen Morgengrauen, wenn die Christenheit schläft. Bei Verhandlungen mit Behörden und Geldgebern ist sie schlau und zäh wie eine Geschäftsfrau.

Als wichtigste Reform führt sie in ihren Klöstern zwei Stunden schweigende Meditation am Tag ein. Eine unglaubliche Kühnheit, bedenkt man, daß an der Universität in Salamanca die Lehrmeinung vorherrscht, eine Frau sei von Natur aus unfähig zur Meditation.

1575 hat sie wieder mit den Hütern der Ordnung zu tun. Aber diesmal ist es nicht mehr die harmlose

Stadtpolizei von Ávila. Es sind die allmächtigen Väter von der Heiligen Inquisition zu Sevilla. Sie maße sich, so lautet der Vorwurf, lauter Dinge an, die nur ein Mann, nur ein Priester oder Mönch, tun dürfe. Zum Beispiel predige sie und höre Beichte.

In dieser äußersten Gefahr verkriechen sich alle ihre männlichen Freunde. Sie aber stellt sich dem Verhör gelassen und voll souveräner Freundlichkeit. Nur dadurch kommt sie davon. Um sich vor der Inquisition zu schützen, wechselt sie häufig die geistlichen Berater, Beichtväter und sonstigen Aufpasser, die Berichte über ihre Visionen an die Kirchenbehörden liefern.

Hat sie Schwierigkeiten mit den Jesuiten, hält sie sich an die Dominikaner. Hat sie Streit mit den Dominikanern, hält sie sich an die Franziskaner. Hat sie Streit mit allen Männerorden, dann hält sie sich an den heiligen Johannes vom Kreuz.

Ganz kleingewachsen ist der Karmeliter-Mönch aus Salamanca und siebenundzwanzig Jahre jünger als sie. Große schwarze Augen hat er und eine poetische Seele. Vom ersten Augenblick an hat sie ihn gemocht. „Es ist unmöglich", schreibt sie, „mit Johannes vom Kreuz über Gott zu reden, ohne daß er sofort in Ekstase fällt, und ich mit ihm." An ihrer Seite wird er zum größten Mystiker der katholischen Kirche.

Es gibt nur eines, was Teresa Gott nie verzeihen wird. Das ist die Folterung, die der heilige Johannes vom Kreuz im Kirchen-Gefängnis zu Toledo aus Treue zu ihr erduldet. Laut schreit sie vor Entsetzen, als sie ihn wiedersieht: „Er war abgezehrt und entstellt wie ein Toter."

1568 übergibt sie ihm als erstem die Kutte für einen neuen Zweig des männlichen Karmeliten-Ordens, der nach ihren Reformregeln lebt. Ganz Spanien schlägt die Hände überm Kopf zusammen: Eine Nonne hat ihren eigenen Mönchsorden gegründet!

Hat nicht die französische Atheistin Simone de Beauvoir recht, wenn sie die spanische Heilige feiert als die große Wegbereiterin der modernen Frauen-Emanzipation?

Vor allem die Briefe der heiligen Theresia sind ein Monument der Frechheit gegenüber dem herrschenden Geschlecht. „Wenn ich mir überlege, in was für einer verfahrenen Situation Sie mich sitzengelassen haben, und wie Sie sich dann um nichts mehr gekümmert haben, dann fällt mir nur noch der Satz ein: Verflucht sei der Mann!" So schreibt sie an Pater Ambrosio Mariano de San Benito.

„Ich mußte lachen, als ich hörte, daß Sie schon wieder leiden wollen", schreibt sie dem Pater Jerónimo Gracián, „um Gottes willen, lassen Sie das! Ihre Umgebung müßte ja mit Ihnen leiden. Ruhen Sie sich lieber ein paar Tage aus."

Nicht einmal vor dem mächtigsten Mann der Welt senkt sie den Ton: „Sire", schreibt sie an König Philipp II., „erinnert Euch an König Saul. Auch er war gesalbt – und wurde doch verworfen."

Unter ihrer Respektlosigkeit leidet zum Schluß Gottvater selbst. In einer Vision, so berichtet sie, zeigt er ihr seinen Sohn am Kreuz mit den Worten: „So behandle ich meine Freunde." – „Ach mein Gott", antwortet die heilige Theresia, „deshalb hast du ja auch so wenige."

Nicht alle Männer Spaniens begegnen dieser souveränen Frau so souverän wie der Erzbischof von Sevilla, Christóbal de Rojas, der vor ihr auf der Straße niederkniet und sich vor allem Volk von ihr segnen läßt. Die meisten halten es mit dem päpstlichen Nuntius in Madrid, Felipe Sega, der sie beim Papst denunziert als „unruhiges, umherschweifendes, ungehorsames und verstocktes Weib", als „Landstreicherin".

Er hat nicht völlig unrecht, der päpstliche Nuntius. Im Ochsenkarren ist sie zwei Jahrzehnte lang

Johannes vom Kreuz. Mit ihm zusammen schuf Theresia die klassische katholische Mystik. 1568 überreichte sie ihm die Kutte und gründete so ihren eigenen Mönchsorden

Karmelitinnen aus dem Kloster
San José zu Ávila beim Tanz und – verschleiert – hinter
dem Sprechgitter zum
Besucherzimmer. Zwei (schon historische) Aufnahmen
aus den zwanziger Jahren

auf den unsicheren Landstraßen Spaniens unterwegs, um im endlosen Streit mit Bürgermeistern und Prälaten ihre Reformklöster vor der drohenden Vernichtung zu retten.

Unterwegs übernachtet sie in Herbergen neben Betrunkenen und Prostituierten. Sie weiß, wovon sie redet, wenn sie einmal sagt: „Dieses Leben ist wie eine schlechte Nacht in einem schlechten Wirtshaus."

Sie verirrt sich in der wüsten Sierra Morena und wird kurz vor dem Verdursten gerettet. Auf einer losgerissenen Fähre treibt sie die Stromschnellen des Guadalquivir hinunter. Mit ihrem Ochsenkarren gerät sie in Venta de Albino in eine Straßenschlacht. Vierzig Caballeros stürzen mit blankem Degen aufeinander los. Die Nonnen auf dem Karren geraten in helle Panik. Die heilige Theresia lacht.

In all dem Getümmel bewahrt sie die Gelassenheit, die innere Sammlung, um die klassischen Bücher der katholischen Meditation zu schreiben: den „Weg zur Vollkommenheit" und die „Burg der Seele".

Für Theresia von Ávila, wie für die großen japanischen Meister des Zen, kommt es bei der Meditation darauf an, die Fesseln der Logik zu sprengen. Zum Beispiel durch das Paradox: „Willst du alles werden, so verlange, nichts zu sein." Zugleich ist der Himmel ihrer Visionen so voll von verliebten Farben und Figuren, als hieße ihr Gott nicht Jesus, sondern Krischna. Zu alledem aber hat sie, was den Meistern des Ostens durch die Bank fehlt: eine ganz handfeste westliche Vernunft.

Etwa, wenn sie Leuten, die an Depressionen leiden, davon abrät, die Heilung ihrer Seele in der Meditation zu suchen. Solche Menschen, so die Heilige wörtlich, „brauchen mehr Zerstreuung". Und sie rät zur Arbeit. Als höhere Tochter hat sie sich in ihrem Appartement im Kloster „Zur Menschwerdung" bedienen lassen. Jetzt, im Josefskloster, näht und wäscht, kocht und putzt sie wie eine Arbeiterfrau. In ihre Ordensregel setzt sie den Satz der Heiligen Schrift: „Wer nicht arbeitet, der soll auch nicht essen."

67 Jahre ist sie alt, als sie am 4. Oktober 1582 im Kloster zur Verkündigung in Alba die letzte Schwäche überkommt. Sie legt ihren Kopf in die Hände einer kastilischen Bauerntochter. Dann verklärt sich das Gesicht der Sterbenden in einer unbeschreiblichen Ekstase.

Im Gebüsch hinter dem väterlichen Haus, so berichtet ihr Bruder Rodrigo, habe sie als kleines Mädchen ein Spiel erfunden und mit ihm geprobt, das ihm als kleinem Jungen seltsam vorgekommen sei. Es hieß: „Wir werden Nonnen."

„Schwör Gott die Treue, Rodrigo, auf ewig. Para siempre!"

Para siempre, Teresa!

Zwei Jahre noch und sie wird an Tuberkulose sterben. Das Foto „Therese mit der Sanduhr", 1895 aufgenommen von ihrer Schwester Céline, zeigt die Karmelitin im Alter von 22 Jahren

V

Therese von Lisieux Zweifel an Gott

Es ist etwas dran an der Sache mit Gott; aber niemand weiß was.

Das ist die bescheidene, vorläufige, hilflose Empfindung, die den normalen Menschen der Gegenwart überkommt, wenn er sich nach seinem Glauben fragt. Die wenigsten sprechen das aus. Denn die Hüter der Religion verachten eine solche Einstellung. Aber sie verachten damit nicht nur die große Mehrheit der Menschen, die heute leben. Sie verachten auch jene Frau, die Papst Pius X. – selbst ein Heiliger – als die „größte Heilige der modernen Epoche" gefeiert hat. Das ist die Karmeliter-Nonne Theresia von Lisieux.

Thérèse Martin – später im Kloster „Theresia vom Kinde Jesus" genannt – wird am 2. Januar 1873 in Alençon geboren, einer kleinen Stadt in der Normandie. Und es ist, als habe die Vorsehung schon bei der Wahl der Eltern nur eines im Sinn gehabt: hier noch einmal, am Vorabend des 20. Jahrhunderts, einen Menschen so behütet, so katholisch heranwachsen zu lassen, daß er von den Anfechtungen moderner Glaubenslosigkeit nicht einmal etwas weiß.

Ihr Vater, Louis Martin, wollte eigentlich Mönch werden. Das Gebetbuch im Ränzel, den Wanderstab in der Hand, so ist der junge Louis romantisch hochgepilgert zur reinen Firnenwelt des Großen Sankt Bernhard. Als Mönch an der Spitze einer Koppel zotteliger Hunde will er verzweifelte Wanderer retten aus allen Gefahren des Leibes und der Seele.

Oben, im Hospiz des Großen Sankt Bernhard, empfängt den schwärmerischen Jüngling ein alter Schweizer Pater mit einer Frage von alpenländischer Unbarmherzigkeit: „Haben Sie's Abitur?"

An Abiturienten werden damals in Frankreich ganz andere Anforderungen gestellt als heute bei uns. Deshalb wird der fromme Louis nicht Mönch auf dem Großen Sankt Bernhard, sondern Uhrmacher in der nordfranzösischen Kleinstadt Alençon.

Nichts als ins Kloster möchte auch Thereses künftige Mutter, Zélie Guérin. Aber sie ist viel aktiver und energischer veranlagt als Louis. Deshalb will sie unbedingt zu den Vinzentinerinnen, in einen Orden der tätigen Nächstenliebe.

Wir wissen nicht, was gegen sie gesprochen hat. Jedenfalls weisen die Töchter des heiligen Vinzenz von Paul Zélie Guérin barsch ab. Statt ins Kloster kommt sie nach Alençon in eine Schule für Spitzen-Fabrikation.

Es ist aber nicht so, daß Louis Zélie in Alençon sehnlichst erwartet. Er träumt vielmehr, genau wie sie, unentwegt weiter vom Kloster. 35 ist er schon, sie 26, als endlich ein Beichtvater sich Gedanken macht und auf den praktischen Einfall kommt, den verhinderten Mönch und die verhinderte Nonne zusammenzuführen. Zur Ehe als Notlösung.

Diese Art von Ehevermittlung ist nicht ohne Nachteil. Das wichtigste Detail wird nicht offen genug besprochen.

Unter Ehe als Notlösung versteht Louis nämlich eine sogenannte Josephs-Ehe, Zélie dagegen das Gegenteil: Sie will möglichst viele Kinder zur Welt bringen, um sie jenem klösterlichen Lebenszweck zuzuführen, der ihr selbst versagt blieb.

Gar keine Kinder oder möglichst viele? Über diesem frommen Dilemma vergeht ein gutes Jahr. Oder besser: Ein gutes Jahr lang gelingt es Louis, sich Zélie zu entziehen. Dann bekommt er strengen Bescheid vom Beichtvater: „Wenn man Kinder hat, kann man Gott Söhne und Töchter schenken."

Darauf kommen in rascher Folge neun Kinder zur Welt, sieben Mädchen und zwei Jungen. Fast wären Martins jetzt eine perfekte Bilderbuch-Familie aus dem katholischen Getto. Aber vier der Kinder sterben rasch, darunter auch die beiden Jungen. Als die kleine Therese am 2. Januar 1873 als Jüngste zur Welt kommt, sind beide Eltern tief enttäuscht. Unentwegt hatten sie zusammen gebetet, daß Gott ihnen doch noch einen Sohn schenken möge. Einen Priester. Jetzt beten sie an Thereschens Wiege, daß dieses Mädchen wenigstens eine Nonne werde. Eine Heilige. Diese beiden Wörter sind für Mutter Martin gleichbedeutend.

Sie brauchen die Kleine zu nichts zu zwingen. Therese ist der gar nicht seltene Fall eines Kindes, dem es Spaß macht, fromm zu sein. „Da sie noch ganz klein war", erinnert sich ihre Schwester Marie, „war es niemals nötig, sie zu schelten, wenn sie etwas verkehrt gemacht hatte. Es genügte, ihr zu sagen: Das ist nicht recht, oder: Das kränkt den lieben Gott – und sie probierte es kein zweites Mal."

Nur eine Untugend ist ihr nicht abzugewöhnen. Das ist der Ehrgeiz. Als letzte geboren, will Therese die erste werden. Mutter Zélie lenkt ihren Ehrgeiz in die rechte Bahn: Schon mit drei Jahren schlägt Therese alle ihre Schwestern im täglichen Wettbewerb des „Öpferchen-Rosenkranzes".

Es handelt sich um eine Art Rechenschieber der Tugendhaftigkeit. Jede der Martin-Töchter hat in der Rocktasche einen Rosenkranz mit verschiebbaren Perlen zum Zählen der täglichen Leistungen in der Frömmigkeit. „Es ist schon merkwürdig", notiert die Mutter, „wie Thereschen hundertmal am Tag das Händchen ins Täschchen steckt, um, sooft sie ein Öpferchen gebracht hat, eine Perle an ihrem Rosenkranz weiterzuzupfen."

Sie ist als kleines Kind ungewöhnlich brav. Sie wird in der Schule ungewöhnlich brav sein und später im Kloster eine ungewöhnlich brave Novizin, die in aller Redlichkeit von sich sagt: „Seit dem dritten Lebensjahr habe ich dem lieben Gott keinen Wunsch versagt."

Zum eigenen Verdienst rechnet sie sich das nicht an: „Da ich nichts als gutes Beispiel vor Augen hatte, war es nur natürlich, daß ich mir Mühe gab, es nachzuahmen."

Jeden Morgen um halb sechs sind ihre beiden Eltern in der Frühmesse. Fünfmal in der Woche empfangen sie gemeinsam die heilige Kommunion – höchst ungewöhnlich in einer Zeit, in der die Priester noch vom häufigen Kommunizieren abraten. Für den Rest des Tages verwandelt sich der Martinsche Haushalt in eine Art Familienkloster, in dem der ganze Tagesablauf geprägt ist von gemeinsamen Gebetsübungen und vom Wettbewerb der Tugendhaftigkeit. Lang danach, beim Heiligsprechungsprozeß, wird ihre Schwester Céline die häusliche Stimmung so beschreiben: „Die Haupttugenden, die ich zu Hause erlebte, waren die Sonntagsheiligung und die Verachtung der Welt."

Frömmigkeit als Verachtung der Welt: Von wem kommt diese Stimmung? Vom Vater nicht so sehr. Was die Kinder an ihm erleben, ist eine seltsam ausweichende, wegschweifende Frömmigkeit. Als sehne er sich noch immer nach dem Großen Sankt Bernhard, bricht Louis Martin immer wieder auf zu langen Wallfahrten: nach Lourdes, nach Chartres, nach Rom, vor allem aber zum Heiligsten Herzen Jesu in Paray-le-Monial.

Und wenn er nicht auf Wallfahrt ist, dann zieht es ihn in seine Einsiedelei. Das ist ein zweistöckiger Turm, den Vater sich unten am Fluß, an der Sarthe, gebaut hat. Er liest dort Heiligen-Geschichten. Wenn er nicht jener profanen Beschäftigung nach-

Die Mutter, Zélie Martin, wollte eigentlich Nonne werden, der Vater, Louis Martin, Mönch. Auch Thereschen – sie ist hier dreieinhalb – zog es schon mit zwei Jahren ins Kloster

geht, bei der so viele französische Männer Ruhe suchen vor ihrer dominanten Ehefrau: „Papa va à la pêche – Papi geht fischen."

Sein Uhrmacherladen? Den hat er längst zugemacht. Er kann sich das erlauben. Binnen weniger Jahre hat seine Frau Zélie ein Vermögen zusammengerafft.

Madame Martin beschäftigt Heimarbeiterinnen, die für sie, zu bescheidensten Löhnen, echte Alençoner Spitzen häkeln. Sie verkauft diese Spitzen nach Paris weiter: den Meter bis zu 500 Franken. Den Mehrwert legt sie so geschickt in Suez-Aktien an, daß ihr Gatte Louis, als er 1894 seiner Frau ins Grab folgt, 280 000 Goldfranken hinterläßt. Dies zu einer Zeit, wo ein französischer Handwerker drei Franken am Tag verdient und ein mittleres Haus in Städten wie Alençon oder Lisieux für drei- bis viertausend Franken zu haben ist.

In einer Weise, die schon gar nicht mehr katholisch anmutet, sondern eher kalvinistisch, verbindet sich bei Mutter Martin der echte Sinn für die Geschäfte der Welt mit einer genauso echten, ehrlich empfundenen Verachtung der Welt. Ihrer Lieblingstochter Pauline rät sie fürs Leben: „Erwarte nicht viel von den Freuden dieser Erde, sonst erlebst du zu viele Enttäuschungen. Ich weiß aus Erfahrung, was ich von den Freuden der Welt halten soll. Wenn ich nicht die himmlischen Freuden erwarten würde, wäre ich sehr unglücklich."

In ihren vielen Briefen an ihre Schwester, eine Klosterfrau in Le Mans, zeigt sie sich besessen von der Angst, ihre fünf Töchter könnten „keine Heiligen werden". Nur um die kleine Therese macht sie sich weniger Sorgen: „Sie ist eine auserwählte Natur."

Es mag sich nicht sehr logisch ausnehmen, aber es ist trotzdem wahr: Zélie Martin, diese schwer depressive Frau, ist zugleich ihrem kleinen Mädchen Therese eine äußerst aufmerksame, liebevolle Mutter. Die Schwestern berichten es übereinstimmend: Trotz all ihrer rastlosen Geschäfte und religiösen Übungen hat die Mutter für ihre Jüngste, für ihren „petit Chérubim", immer Zeit. Sie darf zu ihr kommen, wann sie will. Während der Vater auf merkwürdige Weise einfach nicht da ist, bekommt Therese von ihrer Mutter Geborgenheit in jedem Sinn: Von ihr kommt das Geld, und von ihr kommt die Zärtlichkeit.

Am 28. Januar 1877, morgens in der Frühe, nimmt Louis Martin seine kleine, viereinhalbjährige Therese auf den Arm: „Komm, gib deiner Mama einen letzten Kuß." Zélie Martin ist in der Nacht an Brustkrebs gestorben. Aus falscher Scham hat sie ein Geschwür viele Jahre zuvor nicht behandeln lassen. Als sie in Lourdes Heilung suchte, war es zu spät.

„Seit Mamas Tod", so erinnert sich die Klosterfrau Therese, „veränderte sich mein glückliches Naturell völlig. Zuvor war ich lebhaft und mitteilsam. Jetzt wurde ich schüchtern, still und über die Maßen empfindlich."

Vater Martin ist nach dem Tod seiner Frau noch weniger Herr der Familie als zuvor. Deshalb wird Zélies Bruder, Isidor Guérin, zum Mitvormund über die fünf Töchter bestimmt. Um sich besser um sie kümmern zu können, holt Onkel Isidor die ganze Familie nach Lisieux, wo er selber wohnt.

Er sorgt für eine kleine Villa, „Les Buissonnets" (etwa: „Waldeslust"). Er steckt die kleine Therese in die Klosterschule der Benediktinerinnen. Er ist die Autorität, zu der das Kind aufblickt: „Mein größtes Vergnügen bestand darin, allem zu lauschen, was mein Onkel sagte."

Onkel Isidor ist ein begeisterter Wortführer der „Nationalen Liga für den Antisemitismus". Durch eine glückliche Heirat ist er steinreich geworden, hat seine Apotheke zugemacht und kämpft jetzt als Leitartikler der Zeitung „Le Normand" gegen „Freimaurer, Juden und Nihilisten". Wie die meisten französischen Katholiken seiner Zeit hält er den

Das Geburtshaus der Heiligen in Alençon. Mutter Zélie hatte es zu einer Art Ersatzkloster gemacht, in dem sie ihre fünf Töchter einwies in die „Verachtung der Welt"

verlorenen Krieg gegen die Preußen und den Verlust von Elsaß-Lothringen für eine Strafe Gottes. Um das nationale Schicksal wieder zum Guten zu wenden, muß Frankreich, Onkel Isidors Leitartikeln zufolge, erst die Wunden sühnen, die die Freimaurer dem Heiligsten Herzen Jesu zugefügt haben.

Herz-Jesu-Verehrung ist deshalb das eifrige Anliegen der Nonnen im Karmelitinnen-Kloster von Lisieux. Das ist Onkel Isidors Hauskloster. Er ist der weitaus wichtigste Geldgeber. Er ist der Patron. In dieses Kloster wird Therese einmal eintreten. Aus diesem Kloster wird sie ihrer Tante schreiben: „Geschieht es nicht zum Ruhme unseres Herrn Jesus Christus, wenn mein Onkel unermüdlich Artikel schreibt, die dazu beitragen, die Seelen zu retten und die Dämonen erzittern zu lassen?"

Das ist das Ersatzbild eines Vaters, zu dem Therese Martin bewundernd aufblickt, seit es sie, kaum fünfjährig, nach Lisieux verschlagen hat. Und die Mutter? Am Tag, als Zélie Martin zu Grabe getragen wird, wirft sich Therese ihrer zweitältesten Schwester in die Arme: „Pauline, du bist von jetzt an meine Mama!"

Von allen Martin-Töchtern gleicht Pauline der verstorbenen Mutter am meisten: Energisch und zärtlich zugleich kümmert sie sich um die Kleine. Jeden Abend nach dem väterlichen Gutenachtkuß nimmt Pauline ihre Schwester Therese in die Arme und trägt sie liebkosend in ihr Bett.

Therese ist noch keine zehn Jahre alt, als sie ihre beiden ältesten Schwestern heimlich belauscht. Pauline weiht gerade Marie in ihren Entschluß ein, in Onkel Isidors Kloster einzutreten und Karmelitin zu werden. Die jähe Erkenntnis, daß sie auch ihre „zweite Mutter" verlieren wird, tut der Kleinen so weh, daß sie buchstäblich durchdreht.

Migräne zuerst, dann fiebrige Schreckgesichte – „Sie wollen mich vergiften!" –, Krämpfe, Tobsucht, verrenkte Glieder, Wahnsinns-Schreie: „Sie hat den Veits-Tanz", sagt der herbeigerufene Arzt.

Ein halbes Jahr später, am Pfingstsonntag 1883, liegt Therese immer noch schwerkrank im Bett. Eine alabasterweiße Statue der Gottesmutter, die in der Familie als wundertätig gilt, lächelt der Kranken zu. Vor der Statue kniet ihre Schwester Marie und betet für ihre Heilung. „Plötzlich erschien mir die Muttergottes schön, so schön, daß ich noch nie etwas Schöneres gesehen hatte. Ihr Antlitz atmete unaussprechliche Güte und Zärtlichkeit."

Das ist das sogenannte „Pfingstwunder der heiligen Theresia". Sie nimmt ihre Schwester Marie, die noch immer vor der Statue kniet, als „dritte Mama" an. Rasch ist sie geheilt.

In den offiziellen Biographien folgt jetzt das „Weihnachtswunder". Im Jahre 1886 kennt man in Frankreich den Christbaum noch nicht, auch nicht die Bescherung unterm Lichterbaum. Nur die Kleinen stellen ihre Stiefelchen in den Kamin und finden sie später mit Süßigkeiten gefüllt.

Dafür aber ist Therese jetzt mit 14 zu alt. Trotzdem stellt sie ihre Schuhe wieder in den Schornstein. Da entfährt Vater Martin ein seltenes Wort des Ärgers: „Hoffentlich ist das das letzte Mal."

Therese heult los. Sie rennt hinauf in ihr Zimmer. Alle sind schon überzeugt: Sie wird uns den ganzen Heiligen Abend verderben.

Und dann das „Weihnachtswunder der heiligen Theresia": Schon nach wenigen Minuten kommt der Trotzkopf wieder die Treppe herab: lächelnd, strahlend, voll überströmender Herzlichkeit. Was ist geschehen? „In jener strahlenden Nacht wandelte Jesus die Nacht meiner Seele in Ströme von Licht." Und: „Es war ein wirklicher Liebestausch mit Jesus."

Fest steht, daß Therese in ein Alter gekommen ist, in dem die kleinen Mädchen anfangen zu schwär-

Therese mit acht Jahren in Lisieux. Nach dem Tod der Mutter hat sie sich an ihre älteste Schwester Pauline gehängt. Als Pauline ins Kloster weggeht, erkrankt Therese am Veitstanz

Therese mit 13. Bald beginnt sie zu schwärmen: von Jesus, dem „himmlischen Bräutigam“ und vom verruchten Reiz des Mörders Pranzini

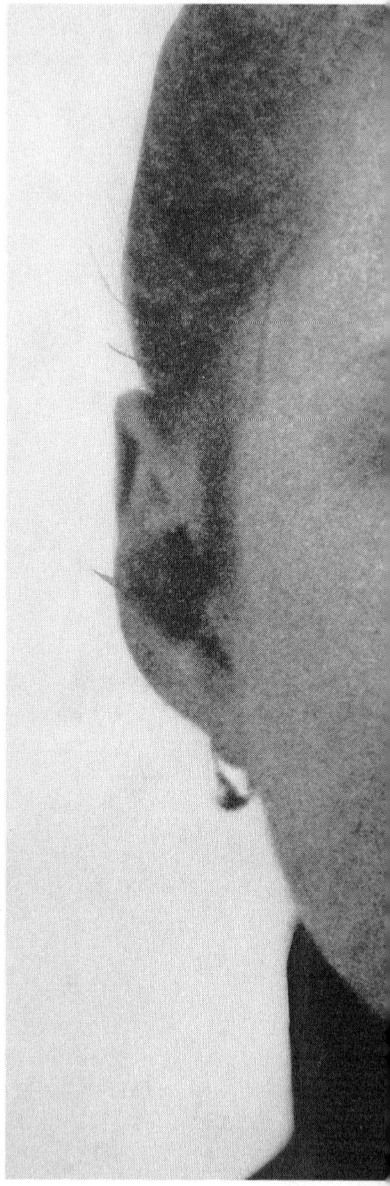

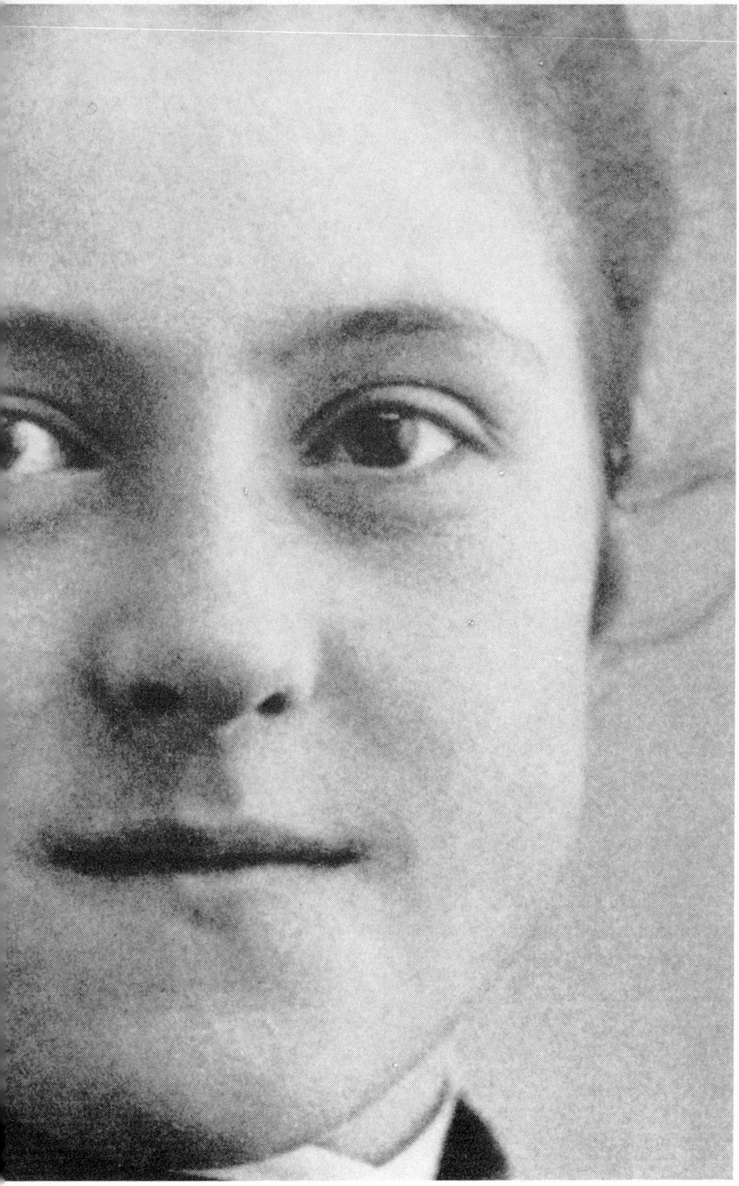

Mit 15 setzt Therese ihren Kopf durch und folgt, Bischof und Papst zum Trotz, ihren Schwestern ins Kloster nach: „Ich möchte eine Heilige sein. Ja, ich möchte es werden"

Die Novizin am Fuß des Kreuzes im Januar 1889. Sie ist 16jährig. Die ersten Glaubenszweifel quälen sie. „Aber äußerlich verriet nichts, was ich litt“

men. Es ist in ihrem Fall ein doppelter Schwarm: Jesus einerseits und andererseits Pranzini.

Von Jesus schwärmt sie in lauer Sommernacht zusammen mit ihrer Schwester Céline draußen in der Laube: „Die Funken der Liebe, die Jesus in unsere Seelen streute, der köstliche und starke Wein, den er uns zu trinken gab, ließen die vergänglichen Dinge unseren Augen entschwinden. Und unseren Lippen entströmten Anmutungen der Liebe, die Er in uns weckte. Den Blick in die Ferne gerichtet, betrachteten wir den bleichen Mond, der langsam hinter den großen Bäumen aufging . . . den Silberschein, den er über die schlafende Natur warf . . . die leuchtenden Sterne, die im tiefen Blau funkelten . . . den leichten Atem des Abendwindes, der die schneeweißen Wolken dahintrieb, alles erhob unsere Seelen zum Himmel . . . "

Das ist „Jesus". Wer aber ist „Pranzini"? Therese bekennt: „Obwohl Papa uns verboten hatte, irgendeine Zeitung zu lesen, glaubte ich, nicht ungehorsam zu sein, wenn ich die Meldungen über Pranzini las."

Sie liest von einer schauerlichen Bluttat. Am 20. März 1887 wird in der rue Montaigne in Paris eine Prostituierte der feinsten Kreise samt Dienstmädchen und Töchterlein bestialisch erwürgt. Kurz darauf erwischt die Polizei in Marseille einen dreißigjährigen Italiener, der die Juwelen der Ermordeten verkaufen will. Sein Name ist Pranzini.

Die dreifache Mordtat selbst wird Pranzini bis zum bitteren Ende leugnen. Aber die Indizien sprechen gegen ihn. Auch sein Lebenslauf: Zuhälterei, Diebstahl, Hehlerei – von etwas anderem hat der Italiener nie gelebt.

Dieser ganz gewöhnliche Berufsverbrecher erfährt jetzt in Onkel Isidors Leitartikeln und somit in Thereses Phantasie eine luziferische Steigerung. Er hat das „Verbrechen um des Verbrechens willen" begangen, das „absolute Verbrechen". Die ganze dämonische Verruchtheit der Moderne verkörpert sich in „Pranzini le nihiliste".

So ist denn auch um diesen Phantasie-Pranzini der ganze Reiz dämonischer Verruchtheit. Verführerisch schön und reich ist er, ein Draufgänger und Abenteurer, vielsprachig, weitgereist und dämonisch intelligent. Immer heißer betet Therese für den „großen Verbrecher", für „meinen ersten Sünder". „Ich wollte unter allen Umständen verhindern, daß er in die Hölle kommt."

Der ganz gewöhnliche Pranzini sucht derweil seinen Kopf durch stures Leugnen zu retten. Vielleicht ist er auch tatsächlich unschuldig. Aber das nützt ihm nichts. Am 31. August 1887 wird ihm der Kopf abgeschlagen.

Halb Paris strömt zu dem Spektakel zusammen. Da! Im allerletzten Augenblick zieht Pranzini noch einmal den Kopf aus der Guillotine zurück. Hastig greift er nach dem Kruzifix des Gefängnis-Kaplans. Der „Nihilist" küßt die Wundmale Christi.

Einen Augenblick später durchbricht die entfesselte Pariser Damenwelt die Polizeisperre, um ihre Taschentüchlein ins Blut des bekehrten Nihilisten zu tauchen. Auch ins Taschentuch der kleinen Therese in Lisieux fließt keine einzige Träne um Pranzinis Tod. „Mein Gebet wurde wörtlich erhört!" schreibt sie begeistert. „Oh, seit jener einzigartigen Gnade wuchs meine Begierde, Seelen zu retten, jeden Tag."

Sie faßt den Entschluß, ihr ganzes Leben zum Opfer darzubringen für das Seelenheil unzähliger weiterer Pranzinis. In Onkel Isidors Hauskloster, bei den Karmelitinnen in Lisieux, will sie Nonne werden. Mit ihren eigenen Worten: „Ich möchte eine Heilige sein. Ja, ich möchte es werden."

Sie ist fünfzehn Jahre alt. Anders als heute schreiben die meisten katholischen Orden im Jahre 1887 für ihren Nachwuchs noch kein Mindestalter vor.

Trotzdem: Für den gesunden Menschenverstand gehört schon damals eine 15jährige nicht ins Kloster.

Den gesunden Menschenverstand verkörpert in Lisieux der Domherr Delatroëtte. Ihn hat der Bischof deshalb mit der Leitung des Karmelitinnen-Klosters betraut. Als Thereschen zu ihm kommt und ihm ihren frommen Beschluß eröffnet, reagiert der Domherr mit einem Wutausbruch.

Die ganze Geschichte mit Pranzini will er gar nicht hören. Mit seinem gesunden Menschenverstand vermutet er bei Therese ein viel banaleres Motiv. Hat die Kleine nicht unsäglich gelitten, als ihre „zweite Mama", Pauline, in dieses Kloster wegging? Wohl hat sie in Marie eine „dritte Mama" gefunden. Inzwischen aber ist Marie auch schon, Pauline folgend, in Onkel Isidors Kloster eingetreten. Und jetzt Therese? Die Kleine will doch nur ins Kloster, um wieder daheim zu sein bei ihren beiden Ersatz-Müttern.

Hinter diesen beiden Ersatz-Müttern erhebt sich ein noch viel größerer mütterlicher Schatten. Schon hat ein viertes Martin-Mädchen, Céline, sich fürs Kloster angemeldet. Eine Cousine namens Marie steht auch schon vor der Tür. Sie ist die Tochter von Onkel Isidor, der längst in dem Kloster herumregiert, als wäre es sein Privatheiligtum.

Die ganze Familie Martin in einem Kloster – das ganze Kloster ein Martinscher Familienbetrieb: Was diese Schwesternbande mit weiblichem Eigensinn ins Werk setzt, ist das nicht die Zwangsidee von Mutter Zélie Martin selig?

Der Domherr tobt. Thereschen heult. Sie heult so lange, bis Domherr Delatroëtte nicht mehr weiß, was er sagen soll. Er schickt die Kleine samt ihrem Vater zum Bischof nach Bayeux.

Monseigneur Hugonin, der Bischof von Bayeux, weiß auch nicht, was er sagen soll. Er schickt Thereschen zum Papst.

Was Thereschen mit Papst Leo XIII. gemacht hat, ist historisch nicht ganz geklärt. Dem glaubwürdigsten Bericht zufolge stürzt sie während der Pilgeraudienz vom 20. November 1887 unvermittelt nach vorn, umschlingt den Fuß des Papstes und ruft: „Heiliger Vater, zu Ehren Eures Jubiläums erlaubet mir, mit fünfzehn in den Karmel einzutreten!"

Was soll der Papst dazu sagen? „Nun, nun, mein Kind", sagt er, „wenn der liebe Gott es will, werden Sie eintreten."

Der liebe Gott, das ist in diesem Fall Pauline, Thereses Ersatz-Mutter und älteste Schwester, im Kloster Mutter Agnes geheißen. So energisch wie ihre Mutter das getan hätte, nimmt sie die Sache ihrer kleinen Schwester in die Hand. Binnen weniger Wochen bricht sie den geballten Widerstand von Domherr, Bischof und Papst. Am Fest Mariä Verkündigung, am 9. April 1888, zum Gesang „Großer Gott, wir loben Dich", hält Therese Martin im Karmel zu Lisieux triumphierend Einzug.

Im letzten Augenblick sorgt noch der gesunde Menschenverstand für einen Skandal. Es ist Domherr Delatroëtte, der mit schneidender Stimme in die Kirche ruft: „Nun, meine ehrwürdigen Mütter, singen Sie Ihr Te Deum! Sie haben den Eintritt dieses 15jährigen Kindes gewollt. Hoffentlich werden Ihre Erwartungen nicht enttäuscht. Sollte es anders kommen, so tragen Sie dafür die Verantwortung."

Was in den kommenden neun Klosterjahren in Thereses Seele vor sich geht, mag sehr wichtig sein. Es wird auf jeden Fall die Welt bewegen. Aber wichtiger ist vielleicht doch, was mit ihrem Körper geschieht. Abgesehen nämlich von einem einzigen, nur selten benutzten Gemeinschaftsraum hat dieses Frauenkloster im Norden Frankreichs überhaupt keine Heizung. Auch nicht im bittersten Winter. „Ich habe", schreibt sie selber, „bis zum Sterben darunter gelitten."

Eine schwere Erkältung bekommt sie nach der anderen. Viel zu spät wird ein Arzt beigezogen. Da er sie nur durch das kleine Gitterfensterchen im Besucherzimmer sehen darf, stellt er die falsche Diagnose. Später kommt er zum richtige Befund, ordnet aber die falsche Behandlung an. Nach neun Jahren Kloster, am 30. September 1897, ist Schwester Theresia vom Kinde Jesus im Karmel zu Lisieux an der galoppierenden Schwindsucht gestorben.

Wenige Tage vor ihrem Tod hat Theresia ein schmerzliches Erlebnis. Durchs halboffene Fenster ihres Krankenzimmers hört sie, wie zwei andere Nonnen sich über sie unterhalten. Es geht um den „Rundbrief". Wenn eine Karmelitin stirbt, verschickt nämlich die Priorin einen Brief an die anderen Klöster, in dem sie das Leben und die Persönlichkeit der verstorbenen Schwester würdigt.

„Schwester Theresia wird bald sterben", sagt draußen vor dem Fenster die eine Nonne zur andern. „Was wird unsere Mutter Priorin in ihrem Totenbrief schreiben können? Sie trat bei uns ein, lebte und starb – mehr ist wirklich nicht zu sagen."

Irrtum. Mutter Priorin verschickt diesmal gar keinen Totenbrief, sondern die „Geschichte einer Seele". Das sind Lebens-Erinnerungen, die Theresia selber zu Papier gebracht hat. Ungewöhnlich. Was ist geschehen?

Es ist ein bißchen das geschehen, was Domherr Delatroëtte in seinem gesunden Menschenverstand vorausgeahnt hat. Nachdem Therese zu ihren Schwestern Pauline und Marie gestoßen ist, nachdem wenig später als vierte Martin-Schwester Céline nachgerückt ist sowie die Cousine Marie, gerät das kleine, brave, stille Karmelitinnen-Kloster zu Lisieux an den Rand des Bürgerkriegs.

Die schlimmste Streithenne ist nicht Therese, sondern ihre energische Schwester Pauline, jetzt „Mutter Agnes". Daß Mutter Agnes in allem, was

Die Karmelitinnen von Lisieux
im Sommer 1896 bei der Heuernte. In der Mitte des Bildes
hinten – mit waagerecht gehaltener
Heugabel – Schwester Theresia vom Kinde Jesus

sie tut, Familiensinn beweist, ist eine Untertreibung. Fünf Frauen aus dem Martin-Clan, bei insgesamt nur vierundzwanzig Nonnen, sind eine solide Hausmacht. Überdies jedoch hat Mutter Agnes die Kasse des Hauses. Kein Wunder, ohne die Spenden ihres Onkels wäre das Kloster pleite.

Dennoch regt sich Widerstand, vor allem bei den älteren Nonnen. Sie scharen sich um die greise Mutter Maria de Gonzaga. Theresias neun Klosterjahre sind neun Jahre des erbitterten, unerhört komplizierten Kampfes um die Macht zwischen den beiden Müttern Agnes und Maria.

Darüber geht die einzige wichtige Regel des Karmelitinnen-Ordens zu Bruch, das „Große Schweigen". Den ganzen Tag über stehen die verfeindeten Nonnen grüppchenweise herum und wetzen ihre Zungen. Giftigstes und gefährlichstes Argument der Gegenpartei: „Die ganze Familie Martin spinnt."

Schuld daran ist der Vater. Schon immer hatte Louis Martin einen Hang zu frommen Träumen. Zum Großen Sankt Bernhard. Ein paar Monate, nachdem Therese ins Kloster gegangen ist, wandeln sich die frommen Träume in Alpträume. Er glaubt, daß die Freimaurer, die Juden und die Nihilisten sich zusammengetan haben, um alle Nonnen Frankreichs zu ermorden. Alle seine Töchter. Nicht einmal Onkel Isidor kann ihm das ausreden.

Er selbst will fliehen: „in eine möglichst ferne Einsiedelei". Die Polizei liest ihn auf im nahen Straßengraben. Onkel Isidor bringt seinen Schwager, von dem er nie viel gehalten hat, in die Irrenanstalt „Zum gütigen Erlöser".

„Die ganze Familie Martin spinnt." Um dieses gefährliche Argument im klösterlichen Machtkampf zu entkräften, hält Mutter Agnes ihre schon schwer tuberkulöse Schwester Therese dazu an, ihre Erinnerungen niederzuschreiben und dabei vor allem das umstrittene Bild des gemeinsamen Elternhauses zu verklären. So entsteht, von einer Fieberkranken hingekritzelt in ein Schulheft, ein Haushaltungsheft und auf fünf Blatt Briefpapier, die „Geschichte einer Seele".

„Nach meinem Tode werde ich Rosen auf die Erde regnen lassen", verheißt Theresia in ihrer Seelen-Geschichte. Rosen der Gnade. Kein Mensch, auch Mutter Agnes nicht, hat eine Ahnung, in welchem Maße diese Verheißung Anklang finden wird. Kaum ist die „Geschichte einer Seele" anstelle des üblichen Totenbriefs verschickt, so treffen von allen Seiten Bitten um weitere Exemplare ein.

Jetzt erkennt Mutter Agnes, daß sich für ihre Familie eine Chance auftut, die über die Rehabilitierung der Eltern weit hinausgeht. Mit der gleichen virtuosen Geschäftstüchtigkeit, mit der ihre Mutter in Spitzen gehandelt hat, organisiert Agnes alsbald den Siegeszug der „Geschichte einer Seele".

Die Druckerpresse steht nicht mehr still. Das Karmelitinnen-Kloster selbst verwandelt sich in ein Versandhaus. In fünfunddreißig Sprachen übersetzt, wird diese kleine, bescheidene Schrift in wenigen Jahren zum größten katholischen Bestseller des 20. Jahrhunderts.

Was steht in dem Buch überhaupt drin? Das ist schwer zu sagen. Theresia selbst übernimmt es im Vorwort, den Inhalt „in wenigen Worten zusammenzufassen". Danach handelt es sich um „die Geschichte der kleinen Blume, die Jesus sich gepflückt hat. Er war es, der sie auf heiligem, ganz jungfräulich duftendem Boden geboren werden ließ. Acht Lilien von blendendem Weiß ließ er ihr (als Geschwister) vorausgehen. In seiner Liebe hat er geruht, sie vor dem Gifthauch der Welt zu bewahren. Kaum begann ihr Kelch sich zu öffnen, da verpflanzte der göttliche Meister sie auf die Höhen des Berges Karmel, in den erlesenen Garten der Jungfrau Maria."

In diesem klösterlichen Garten umgeben sie lauter Lilien, Rosen und Veilchen. Sie selbst ist „Gottes Gänseblümlein". Durchs ganze Buch, fast auf jeder Seite, ist von Gänseblümlein die Rede. Selbst der Blitz schlägt in Lisieux nicht in einen Baum ein, sondern in die Gänseblümlein.

Therese wird geboren: „Niemand kann sich vorstellen, wie innig ich Vater und Mutter liebte." Therese geht zur Ersten Kommunion: „O wie zärtlich war der erste Kuß, den Jesus meiner Seele gab." Therese will ins Kloster: „Schon im Alter von zwei Jahren zog es mich, nach Paulines Vorbild, hin zum Bräutigam der Jungfrauen." Therese kriegt die galoppierende Schwindsucht: „Wenn Jesus will, daß man leidet, dann muß man das alles über sich ergehen lassen."

Selbst eine so geneigte Seele wie Ida Friederike Goerres ist an der „Geschichte einer Seele" verzweifelt: „Wie klein, wie klein ist alles! Es ist, als müßte man sich bücken, um in eine Welt einzutreten, wo alles nach vogelzierlichen Maßen gedrechselt ist."

Eine schwindsüchtige Welt, dazu auch noch betrachtet aus der Perspektive eines umgekehrten Fernrohrs – was hat so viele Millionen Menschen an einem solchen Buch fasziniert? Auch das ist schwer zu sagen. Selbst unter den besten Theresiologen herrscht darüber weder Klarheit noch Einigkeit. Es lassen sich im wesentlichen drei Hypothesen unterscheiden:

1. Die Sirup-Hypothese: So unsäglich heruntergekommen in der religiösen Empfindung sei die Jahrhundertwende gewesen, so grenzenlos verkitscht, daß Gott, um viele Millionen Menschen mit seiner Gnade anzusprechen, sich einer Kitsch-Figur habe bedienen müssen. In diesem Sinn interpretiert Henri Ghéon die Losung „Gott und Therese". Demnach wäre Gott „die bittere Medizin", Therese aber „der Sirup", der es vielen gestattet, diese bittere Medizin zu schlucken.

2. Die „Gerade-deshalb-weil-nicht"-Hypothese: Diesem Gesetz der paradoxalen Umkehr folgt die Mehrzahl der Theresiologen. Gerade daß nichts Besonderes an diesem Buch ist, wäre demnach das Besondere daran. Neben die „Große Theresia" von Ávila tritt so die „Kleine Theresia" von Lisieux. Von arroganten Intellektuellen zu Unrecht verlacht, zeigt sie unzähligen kleinen Seelen den „kleinen Weg zur Heiligkeit".

Nun ist die paradoxale Umkehr zweifellos das elementarste Gesetz des religiösen Denkens und Empfindens. Aber es ist auch beliebig mißbrauchbar. Jeder Unsinn kann dann zum Tiefsinn werden nach dem Prinzip: „Die kreißende Maus hat einen Berg geboren."

3. Die Fahrstuhl-Hypothese: Thereses Zeitgenossen waren fasziniert von der Erfindung des Lifts. Im neunten Kapitel der „Geschichte einer Seele" heißt es: „Wir leben in einem Jahrhundert der Erfindungen. Jetzt ist es nicht mehr nötig, mühsam die Stufen einer Treppe hinaufzusteigen. Bei den Reichen ersetzt der Aufzug die Treppe vorteilhaft. Ich möchte auch einen Fahrstuhl, der mich zu Jesus emporträgt, denn ich bin zu klein, um die mühsame Treppe der Vollkommenheit emporzusteigen." In der Bibel stößt sie auf die Worte: „Wenn jemand ganz klein ist, dann komme er zu Mir." Sie fährt fort: „Oh, niemals haben zärtlichere, an Wohlklang reichere Worte meine Seele erfreut. Der Fahrstuhl, der mich zum Himmel heben muß, das sind Deine Arme, o Jesus. Deshalb brauche ich nicht zu wachsen. Im Gegenteil, ich muß klein bleiben, ich muß es immer mehr werden."

Klein sein, brav sein wie ein Gänseblümlein und so den Knopf drücken zum himmlischen Fahrstuhl – wahrscheinlich ist es gerade die kindische Banalität dieses Rezepts, die die „Geschichte einer Seele" zum Bestseller gemacht hat.

Während Mutter Agnes den Bücher-Boom organisiert, baut ihre jüngere Schwester Céline, jetzt „Mutter Genoveva", den Reliquienversand auf. Wäsche, Bettücher, Vorhänge – alles, was Thereschen je berührt hat, zerschnippelt Mutter Genoveva in winzigste Fasern. Auf diese Weise verschickt sie – lange vor der Heiligsprechung – an die frommen Verehrerinnen und Verehrer ihrer Schwester insgesamt 17 Millionen 506 000 Reliquien.

Die größten Triumphe aber feiert Mutter Genoveva als Malerin. Therese, süß lächelnd mit dem rosenbesteckten Kruzifix im Arm: Dieses Bild bringt auf den Fidschi-Inseln einen Taifun zum Stehen. Theresia verklärt auf dem Sterbebett, getroffen vom Lichtstrahl der Gnade: Dieses Bild treibt in China Banditen zitternd in die Flucht. Mit dem Bild der „Kleinen Therese" unterm Kopfkissen geht eine Generation von süddeutschen Jungfrauen-Kongregationen in die Ehe. Mit dem Bild der „Kleinen Therese", auf den Gewehrkolben geklebt, marschieren im Ersten Weltkrieg Hunderttausende von französischen Soldaten in den Tod.

Krebs, Blindheit, Gehirnhautentzündung, ja sogar Tuberkulose im letzten Stadium – die Krankheit, an der sie selber gestorben ist –, alles heilt Theresia, Rosen streuend, vom Himmel herab.

Die meisten Wunderberichte kommen aus Afrika. Das neue Evangelium, das den armen Heidenkindern dort gepredigt wird, heißt „Gott und Therese".

Mancherorts sprengt der Kult die konfessionellen Schranken. Geheilte Mohammedaner schwören öffentlich, daß „weder Mohammed noch die Propheten es aufnehmen können mit dieser schönen Heiligen". Auch die Kirche von England erliegt dem papistischen Charme der „Little Flower of Lisieux". So wird in der anglikanischen Wallfahrtskirche „Our Lady of Walsingham" Thereschens Bettdecke ver-

Familienbild im Kloster: die vier Martin-Schwestern und ihre Cousine Marie Ende März 1896. In der Mitte rechts die Heilige. Sie hat um diese Zeit ihren ersten Blutsturz

Therese 1895 als Jungfrau von Orléans bei einer Theateraufführung im Kloster. Sie trägt eine Perücke. Ihr politisches Weltbild war stockreaktionär

März 1896

Juli 1896

Juni 1897

Das letzte Bild der Heiligen vom 30. August 1897 – einen Monat vor ihrem Tod. Sie liegt im Kreuzgang des Klosters neben dem Eingang ihres Krankenzimmers

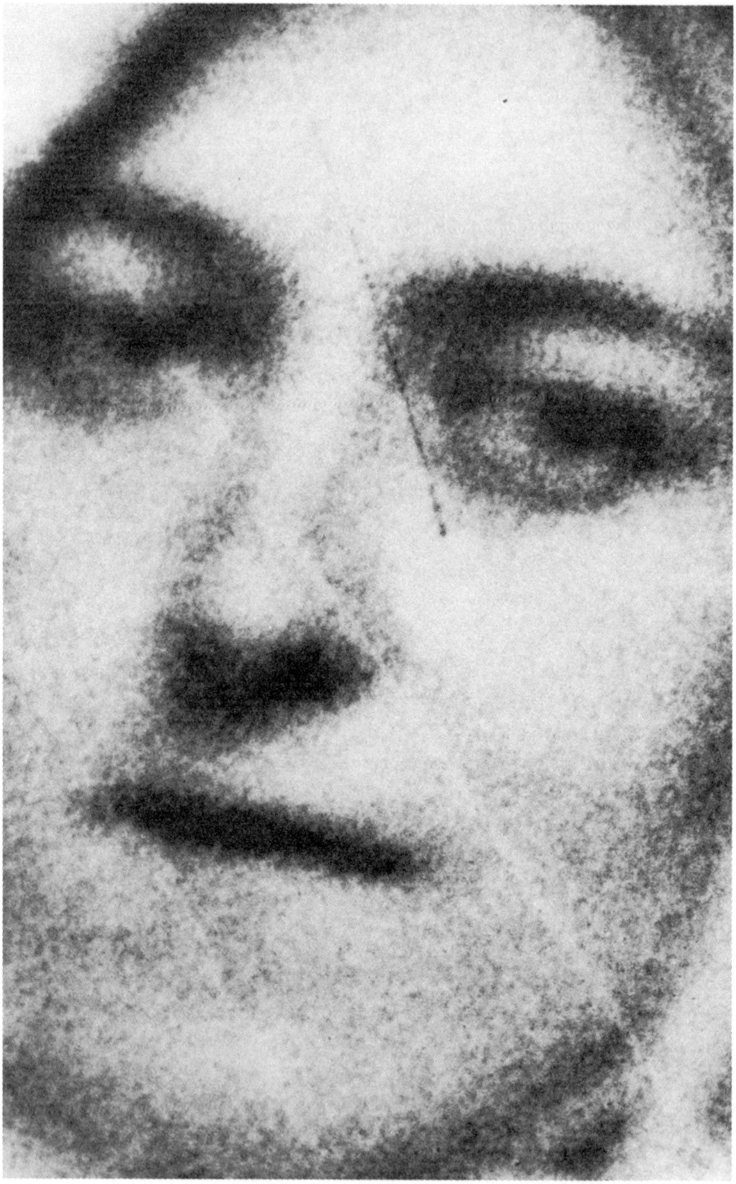

Noch einmal, stark vergrößert,
das Gesicht der Heiligen auf dem Krankenlager am
30. August 1897, einen Monat, bevor
sie an galoppierender Schwindsucht stirbt

ehrt. Wie es den Anglikanern gelang, Mutter Genoveva eine ganze Bettdecke abzuluchsen, bleibt ungeklärt.

Auf jeden Fall wird der Vatikan nervös. „Wir müssen uns beeilen, die kleine Heilige auf die Altäre zu erheben", sagt der zuständige Kardinal Vico, „die Abstimmung der Völker überholt uns sonst." Die ganze Welt blickt nach Rom, als am 17. Mai 1925 Papst Pius XI. Theresia vom Kinde Jesus heiligspricht. Er ernennt sie auch zur Patronin der Weltmission, unter besonderer Berücksichtigung der Bekehrung der Sowjetunion.

In Lisieux selbst wächst in den darauffolgenden Jahren eine Zuckerbäcker-Basilika von babylonischen Ausmaßen zum Himmel. Kardinal Pacelli, der spätere Papst Pius XII., weiht sie im Jahre 1937. Eigentliches Ziel des Pilgerstroms aber ist jener Schneewittchen-Schrein, vor dem, mit ein paar Jahrzehnten Verspätung in der Religionsgeschichte, noch ein Papst aus Polen knien wird. Dort ruht, in Gips wundersam verklärt, Rosen noch aus dem Sarge streuend, das schwindsüchtige Mädchen, das die „Geschichte einer Seele" schrieb.

Und Mutter Agnes? Unter Mißachtung aller Regeln des Karmelitinnen-Ordens hat sie sich nach dem Tod ihrer Schwester vom Vatikan zur Priorin des Karmels von Lisieux „auf Lebenszeit" ernennen lassen. Ein halbes Jahrhundert lang wird sie den Heiligen-, Wallfahrts- und Wunderbetrieb in Lisieux so souverän beherrschen wie ein Familienunternehmen. Sie sorgt auch für den Einbau einer Zentralheizung ins Kloster. Neunzig Jahre alt wird sie. Ihr tuberkulöses Schwesterchen hat sie um vierundfünfzig Jahre überlebt.

Am 28. Juli 1951 stirbt Mutter Agnes. Auf der Stelle schlägt Pater Franz von der heiligen Maria zu.

Dem gelehrten Karmeliter-Mönch François de Sainte-Marie hat längst geschwant, daß mit der

„Geschichte einer Seele“ irgend etwas nicht stimmt. Jetzt endlich gelingt es ihm, heranzukommen an jene Original-Manuskripte der Heiligen, die Mutter Agnes vierundfünfzig Jahre lang unter Verschluß gehalten hat: an das „grüne Heft“, das „gelbe Heft“ und an die fünf Bogen Briefpapier.

Daß Mutter Agnes die Erinnerungen ihrer Schwester „stilistisch ein bißchen überarbeitet“ habe, das hatte sich herumgesprochen. Was sich aber jetzt vor dem gelehrten Auge von Pater Franz auftut, ist ein Abgrund von Manipulation: Bedenkenlos hat Mutter Agnes den Originaltext an fast 7000 (siebentausend) Stellen verändert.

Von einer zweiten düsteren Ahnung getrieben verschafft sich Pater Franz Zugang zum Fotolabor von Mutter Genoveva selig. Das ist Céline, jene Schwester, die erst nach Therese ins Kloster eingetreten ist. Sie hatte eine Weile Malerin werden wollen, auch Fotografin. Obwohl die Klosterregel das streng verbot, hat sie im Karmel munter weitergeknipst – sozusagen fürs Familienalbum. Später hat sie, nebst dem Reliquienversand, auch den Bildervertrieb aufgebaut. Und sie ist dabei so skrupellos zu Werk gegangen wie ihre ältere Schwester. Bei den Fotos der Heiligen, die die Welt bislang kenne, berichtet Pater Franz, könne von „Retusche“ nicht mehr gesprochen werden. Das Wort „Montage“ sei angebracht. Gelegentlich hatte Mutter Genoveva, wie es ihr paßte, ganze Köpfe ausgetauscht. Gott sei Dank sind die meisten Original-Negative erhalten. Pater Franz veröffentlicht sie 1961.

Nichts bleibt da übrig von dem honigsüßen Lächeln aus Mutter Genovevas Kitsch-Labor. Das echte Bild der „Kleinen Therese“ ist in erschütternder Weise menschlich: zuerst ein kleines französisches Bürgerkind, ein bißchen zappelig, dabei aber intelligent, lustig, hübsch. Dann ein Teenager mit unsicheren Schultern. Dann eine Novizin mit auswei-

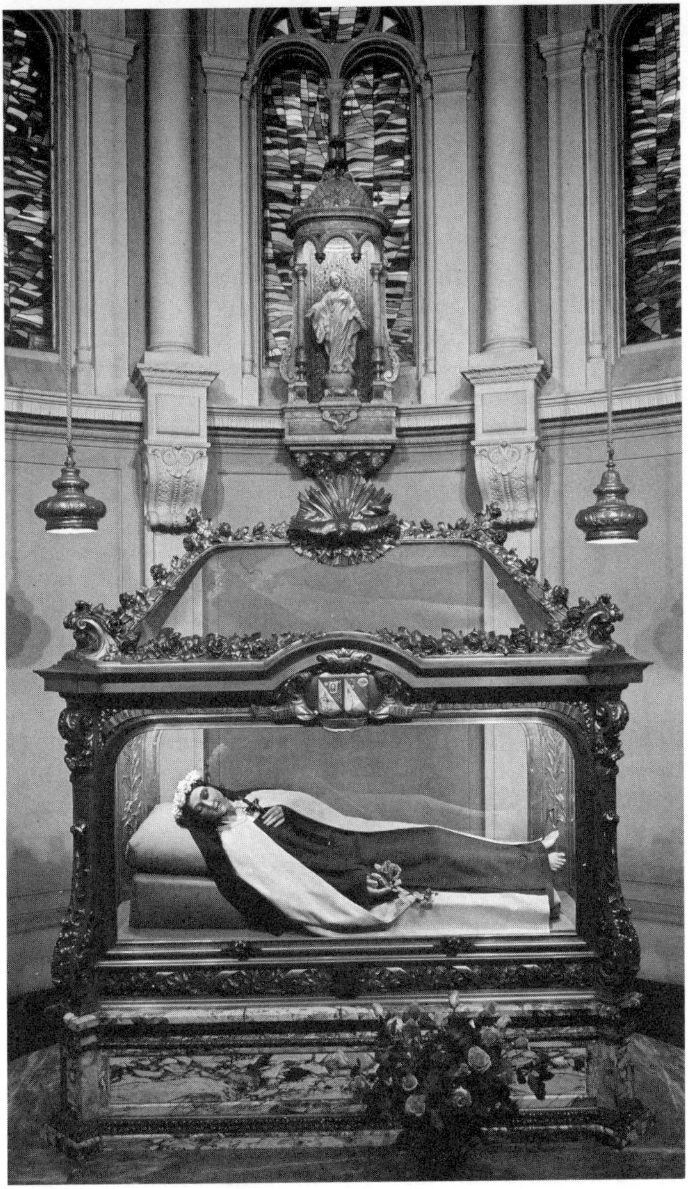

Theresia vom Kinde Jesus,
„Rosen der Gnade streuend". Dieser Schneewittchen-
Schrein in der Kirche des
Karmels von Lisieux ist heute das Ziel aller Wallfahrten

chendem Blick, mit dünnem, erzwungenem Lächeln. Schließlich eine beherrschte, aber schwer depressive junge Frau.

Da war kein Gänseblümlein-Glück, und da war kein Fahrstuhl zum Himmel. Die wirkliche Seelen-Geschichte der heiligen Theresia, das geht aus dem Original-Manuskript deutlich hervor, ist die tragische Geschichte einer jungen Frau, die hinter Klostermauern nicht nur die Gesundheit verlor, sondern auch den Glauben. „Wie überrascht", schreibt sie, „werden wir am Ende der Welt sein, wenn wir die Geschichte der Seelen lesen werden!"

Drei Monate schon nach ihrem triumphalen Eintritt ins Kloster, mitten in all den emsigen Übungen der Frömmigkeit, überkommt sie das Gefühl, daß Gott nicht da ist: „Wenn man wenigstens noch Jesus fühlte. Aber nein, er scheint tausend Meilen weit entfernt zu sein. Wir sind allein mit uns selbst." Sie hat das Bedürfnis, mit den anderen Nonnen über diese Erfahrung zu reden. Aber sie getraut sich nicht: „Äußerlich verriet nichts, was ich litt. Aber ich litt um so mehr, als nur ich darum wußte."

Sie versucht, diesen Zustand zu ertragen: „Ich denke an nichts, mit einem Wort: Ich befinde mich in einem ganz dunklen unterirdischen Gewölbe." Sie versucht, dieser Empfindung einen Sinn abzugewinnen: „Jesus hat mich an die Hand genommen, und er ließ mich in ein unterirdisches Land eintreten, in dem es weder kalt noch warm ist, in dem die Sonne nicht scheint und wohin weder der Wind dringt noch der Regen. In einen Tunnel, in dem ich nichts sehe als den halbverschleierten Blick aus den gesenkten Augen meines Bräutigams."

Aber schon 1891, in ihrem dritten Klosterjahr, überwältigt sie der Zweifel, „ob es denn überhaupt einen Himmel gebe". Anderthalb Jahre vor ihrem Tod sucht „ein Sturm" ihre Seele heim und hüllt sie ein in „dunkelste Finsternis". Sie fühlt sich verhöhnt:

„Du glaubst, du werdest eines Tages den Nebeln, die dich umgeben, entrinnen. Nur immer zu. Freue dich auf den Tod. Er wird dir nicht das geben, was du erhoffst, sondern eine noch viel tiefere Nacht, die Nacht des Nichts." Jäh bricht der Text ab: „Ich möchte nicht weiter darüber schreiben, ich würde sonst fürchten, Lästerungen auszustoßen. Ja, ich habe Angst, schon zuviel gesagt zu haben . . ."

Dies geschieht ausgerechnet am Fest der Auferstehung. „Theresia ist seit Ostern 1896 nicht mehr im Besitz jenes Gutes, das der Glaube ist" (Jean-François Six).

Verstört versucht sie, sich ihrem Beichtvater, dem Kaplan Youf, anzuvertrauen und bekommt die Antwort: „Halten Sie sich dabei nicht auf, das ist sehr gefährlich." Bei Mutter Maria von der Dreifaltigkeit möchte sie sich aussprechen und getraut sich dann doch, wie sooft, im letzten Augenblick nicht: „Ich möchte Ihnen nicht sagen, bis zu welchem Punkt die Nacht in meiner Seele schwarz ist, aus Angst, daß Sie sonst die gleichen Anfechtungen überkommen wie mich." Aber als Mutter Maria vom Heiligsten Herzen abends mit ihr zusammen die Sterne bewundert, spottet Theresia: „Sie meint, ich betrachte das Firmament im Gedanken an den wahren Himmel. Aber nein, ich bewundere nur den Himmel der Natur. Der andere ist mir mehr und mehr verschlossen." Schließlich, drei Monate vor ihrem Tod, bekennt sie: „Es sind die Überlegungen der schlimmsten Materialisten, die sich meinem Geist aufdrängen."

Nun sind die Mitschwestern der heiligen Theresia schon vor der Seligsprechung im Jahre 1923, erst recht vor der Heiligsprechung im Jahre 1925 gründlich vernommen worden. Wir wissen, daß dem römischen Gericht eine ganze Reihe von Hinweisen darauf vorgelegen haben, was mit Therese von Lisieux in ihren letzten Lebensjahren wirklich los

Aus der industriellen Kitsch-Produktion von Lisieux stammen diese beiden Heiligenbildchen: „Theresia bei der Erstkommunion“ und „Theresia mit dem Rosenkreuz“

Theresia statt Maria? In den zwanziger Jahren schien der neue Jungfrauenkult den alten zu verdrängen. Vor allem in den Missionen hieß das Evangelium „Gott und Therese“

war. Gestützt auf diese Hinweise hat damals der „advocatus diaboli" händeringend vor der Heiligsprechung gewarnt. Aber er hat sich nicht durchsetzen können. Zu eilig hatte es Kardinal Vico. Zu überzeugend auch waren die Gegenargumente.

Mutter Agnes hatte vorgesorgt. In der von ihr siebentausendfach manipulierten „Geschichte einer Seele" ist nämlich von Theresias dunklen Erlebnissen durchaus die Rede. Durch alle möglichen Auslassungen, Hinzufügungen und Verdrehungen aber entsteht der Eindruck, daß Theresia nicht den Glauben verloren, sondern im Gegenteil eine der höchsten Stufen mystischer Gottesvereinigung erlebt hat. Das ist die „mystische Nacht" oder „dunkle Nacht" des heiligen Johannes vom Kreuz.

Tatsächlich ist die „noche oscura" seit Johannes vom Kreuz und Theresia von Ávila der zentrale Begriff der katholischen Mystik. Doch ist es diesem, wie allen mystischen Begriffen, wesenseigen, daß er beliebig mißbraucht werden kann. Es gibt kaum eine fromme Seele, die nicht, sobald es ihr ein bißchen schlecht geht, glaubt, sie sei jetzt eingetreten in die „dunkle Nacht des heiligen Johannes vom Kreuz".

In Wirklichkeit hat dieser Begriff bei Juan de la Cruz eine präzise Bedeutung. Nach seiner Methode vollzieht sich die Vereinigung der meditierenden Seele mit Gott wie der Aufstieg auf einer „Treppe" oder „Leiter". Jede einzelne dieser Stufen beschreibt er. Und auf jeder Stufe geht dem jeweils höheren, kräftigeren, schöneren Gotteserlebnis zuerst eine Periode der inneren Dürre und Hilflosigkeit voraus. Das ist – auf jeder Stufe anders geartet – die „dunkle Nacht der Seele".

Das aber geht aus ihren autobiographischen Schriften klar hervor: Therese von Lisieux hat keine einzige von den vielen mühevollen Stufen des „Aufstiegs zum Berge Karmel" erklommen. Vom

„Fahrstuhl" träumt das „Gänseblümlein". Was immer dieser Fahrstuhl sein mag, er ist das Gegenteil von einer Treppe.

Der zweite Unterschied: Johannes vom Kreuz hat auf jeder Stufe unter diesem Vorgefühl, daß Gott nicht da sei, eben unter der „dunklen Nacht", unsäglich gelitten. Aber zu keinem Zeitpunkt hat das Erlebnis der inneren Dürre seinen katholischen Glauben angeknackst. Für ihn wie für die „Große Theresia" ist vielmehr das katholische Credo die sichere Fassung, die das ungewisse Abenteuer der Seele bergend umgrenzt. Theresia von Lisieux hat etwas anderes erlebt: nicht die „mystische Nacht" des 16. Jahrhunderts, sondern die moderne Verunsicherung im Glauben. Das ist das Gegenteil.

Was für ein Wandel im religiösen Bewußtsein diese beiden Nonnen aus dem gleichen Orden, die „Große Theresia" und die „Kleine Theresia", voneinander trennt, mag ein Vergleich deutlich machen: Jeder von uns ist heute felsenfest überzeugt, daß er ein Unterbewußtsein habe. Obwohl noch niemand ein Unterbewußtsein gesehen hat. Aber es glauben alle daran. Dann fällt der Glaube leicht.

So felsenfest haben Theresia von Ávila und Johannes vom Kreuz an Gott geglaubt. Dieser sichere Rahmen hat ihnen das mystische Abenteuer der Seele möglich gemacht.

Aber ist nicht auch Therese von Lisieux in einer stockkatholischen Familie herangewachsen? Hat sie nicht eine streng katholische Klosterschule besucht? Waren nicht die erzkatholischen Leitartikel von Onkel Isidor ihr einziges Fenster zur Welt? Ist sie nicht mit fünfzehn verschwunden hinter den Mauern des strengsten katholischen Nonnenordens? Wenn je ein moderner Mensch total behütet im katholischen Getto herangewachsen ist, dann diese Heilige.

Das ist der Unterschied: Es ist nur noch ein katholisches Getto. Bei Theresia von Ávila dagegen war es eine katholische Welt. Durch die dicksten Mauern des katholischen Gettos atmet die Heilige von Lisieux die Luft der Welt, den Geist unserer Zeit.

Nietzsche und Freud sind ihre Zeitgenossen. Marx und Darwin sind, als sie geboren wird, schon alte Männer. Wahrscheinlich hat sie keinen dieser Namen gekannt. Sie weiß nur aus dem blödsinnigen Gerede von Onkel Isidor, daß ihnen die Welt gehört: den „Gottlosen", den „Juden", den „Freimaurern", den „Nihilisten".

Mitten im sichersten Bollwerk des katholischen Gettos, im Karmel, verliert am Vorabend des 20. Jahrhunderts eine Heilige den Glauben.

Sie hebt den Kopf und blickt noch einmal hinaus in die Kastanienallee des Klostergartens, die sie sehr geliebt hat. Sie deutet auf eine dunkle Stelle unter den Bäumen: „Schaut dort unten das schwarze Loch, in dem man nichts unterscheiden kann. In einem solchen Loch stecke ich mit Leib und Seele."

Ihre Schwester Marie redet ihr zu, bald werde sie bei Jesus und den Engeln sein. Sie antwortet: „Alle diese Bilder geben mir nichts. Ich kann mich nur von der Wahrheit nähren. Deshalb habe ich auch nie nach Visionen verlangt. Man kann auf Erden den Himmel und die Engel nicht so sehen, wie sie sind. Ich warte lieber bis nach meinem Tod."

„Ich warte lieber bis nach meinem Tod." Was ist das für eine Einstellung? Der Glaube ihrer Familie ist das nicht mehr. Aber es ist auch kein atheistisches Glaubensbekenntnis. Es ist etwas Neues. In unsäglicher Einsamkeit hat sich die tapfere kleine Heilige von Lisieux jene Ungewißheit über die letzten Dinge eingestanden, die die Hüter der Religion zu Unrecht als „Indifferenz" verachten. Denn dies wird die genuine religiöse Erfahrung der meisten Menschen im 20. Jahrhundert sein:

Es ist etwas dran an der Sache mit Gott; aber niemand weiß was.

Dominikus bei der Meditation, ein Fresko von Fra Angelico im Kloster San Marco zu Florenz. Auch Meister Eckart, der bedeutendste deutsche Klassiker der Meditation, war Dominikaner

VI

Dominikus
Die Alternativen

Er lag im Kloster zu Bologna und fühlte den Tod kommen. „Hier will ich nicht sterben", sprach er zu den Brüdern. „Tragt mich hinaus vor die Stadt. Ich will sterben, wo die Luft rein ist."

So haben sie den Spanier hinausgetragen auf die sanften Hügel Italiens, die damals noch von paradiesischer Schönheit waren. Oben bei Santa Maria del Monte breiteten sie einen Wollsack aus und legten den Sterbenden darauf nieder.

Es war offenkundig, daß er noch etwas sagen wollte, was ihm auf der Seele lastete.

„Ich habe", sprach der Heilige, „in allem nach Vollkommenheit gestrebt. In manchem habe ich sie erreicht. In einem aber bin ich unvollkommen geblieben." Ein letztes Mal ließ er die blauen Augen über seine Mönche schweifen: „Viel lieber als mit euch, mit meinen Brüdern, habe ich mich stets mit jungen Frauen unterhalten."

So unvollkommen starb am 6. August 1221 Dominikus von Guzmán. Und doch nennt ihn der französische Schriftsteller Georges Bernanos „einen der größten Männer der Geschichte".

Schon im 13. Jahrhundert hat dieser Unvollkommene verwirklicht, wovon das 20. erst träumt: das „alternative Leben", aber auch den „langen Marsch durch die Institutionen".

Wie hat er das erreicht?

Im Jahre 1203 hat ein spanischer Provinzkönig, Alfons VIII. von Kastilien, eine verrückte Idee. Er will sein 13jähriges Söhnlein Ferdinand verheiraten mit einer Nichte König Waldemars II. von Dänemark. Für spanische Begriffe jener Zeit aber liegt Dänemark weiter im Nebel als heute für uns Grönland. Seine Frau, Königin Eleonore, macht deshalb den Vorschlag, erst mal jemanden loszuschicken, um zu erkunden, wo Dänemark liege, wer dieser Waldemar sei und ob es die Nichte überhaupt gebe (übrigens: Es gab sie wirklich nicht).

Mit diesem abenteuerlichen Auftrag zieht alsbald Bischof Diego von Osma über die Pyrenäen. Ein jüngerer Geistlicher, Anfang dreißig, begleitet ihn. Das ist Dominikus.

Daß mit einer solchen Reise Geistliche betraut werden, ist selbstverständlich. Sie haben ja Latein studiert. Das ist im 13. Jahrhundert so viel wert, wie wenn heute einer perfekt Englisch kann.

Diego und Dominikus kommen nicht weit. Jenseits der Pyrenäen, im heutigen Südfrankreich, ist buchstäblich die Hölle los.

Vier verfeindete Fürstenhäuser haben das Land zwischen Atlantik und Alpen ins politische Chaos gestürzt. In diese Zone der Anarchie strömen seit Jahren aus ganz Europa Aussteiger und radikale Sektierer. Endlich ein Land, wo keine Behörde sie behelligt. Ein Kalifornien des Mittelalters, wenn auch kein friedliches.

Gleich zu Beginn ihrer Reise, in Toulouse, geraten Diego und Dominikus aus Versehen in ein alternatives Hotel. „Ketzer-Herberge" nennt man so etwas im 13. Jahrhundert. Die Sekten haben ganz Südfrankreich mit einem dichten Netz von eigenen Herbergen überzogen. Als Dominikus vor dem Essen das Kreuz schlägt, stürzen sich die jungen Leute am Tisch auf ihn: Ob er wahnsinnig sei? Ob er das Haus verfluchen wolle mit dem Zeichen Satans?

Es sind „Katharer": junge Anhänger einer alten Geheimreligion, die die Kreuzritter aus dem Orient heimgebracht haben. Ihr Name stammt vom griechischen „Katharoi" = die Reinen, und von „Katharer" kommt unser deutsches Wort „Ketzer". Statt aufzustehen und aus der Herberge zu fliehen, wie es sich für einen rechten Katholiken gehört, setzt sich Dominikus mit den Ketzern zum Gespräch zusammen.

Sie erklären ihm, warum sie an Seelenwanderung glauben und streng vegetarisch leben. Weil Gott nur die Seele erschaffen habe. Alles Fleischliche sei Satans Schöpfung, insbesondere die Sexualität. Das Kreuz aber sei ein Fluch. Denn mit dem Tod Jesu Christi am Kreuz habe der Satan Gott besiegt.

Mit dieser radikalen Botschaft ziehen etwa fünftausend „Vollkommene" in schwarzen Gewändern durch Südfrankreich. Hunderttausende glauben an sie: junge Menschen vor allem, aber auch der Adel auf dem Land und in den Städten das aufstrebende Bürgertum, Kaufleute zum Beispiel und Ärzte. Fasziniert sind alle. Für das Gefühl des mittelalterlichen Menschen ist ja die Sexualität etwas ganz Ähnliches wie für uns die Kernkraft. Kommt sie von Gott oder vom Satan? Die Diskussion in der Ketzer-Herberge von Toulouse, berichtet der Ordens-Chronist Jordan von Sachsen, „dauerte die ganze Nacht".

Den Katharern verwandt und doch wieder ganz anders sind die frommen Kommunen, die Dominikus wenig später kennenlernt. Etwa dreitausend solche kleinen Gemeinschaften gibt es zu Beginn des 13. Jahrhunderts in Südfrankreich und Norditalien. Sie verteufeln nicht die Sexualität, sondern die Konsum- und Profitwirtschaft in den eben aufblühenden Handelsstädten Südeuropas. Sie berufen sich auch nicht auf eine östliche Geheimlehre, sondern auf das Urchristentum. Auch sie leben bedürfnislos und essen kein Fleisch. Im Unterschied zu den Katharern, die eigene Bischöfe haben, sind sie aber antiautoritär und demokratisch. Sie praktizieren sogar in ihren kleinen Lebensgemeinschaften –

Die Ketzerburg von Perepetusa
am Fuß der Pyrenäen, eines der letzten
Widerstandsnester der Katharer
gegen den katholischen Kreuzzug

mitten im Mittelalter – die Gleichberechtigung von Mann und Frau. Nach Petrus Valdes, einem Kaufmann und Laienprediger aus Lyon, nennen sich manche von ihnen „Waldenser".

Statt seinem König eine Braut aus Dänemark zu besorgen, wird Dominikus zwölf Jahre lang untertauchen in dieser südfranzösischen Anarcho-Szene. Bald merkt er, daß sie in sich hundertfach zerstritten und gespalten ist und daß nur eines den sektiererischen Untergrund zusammenhält: der gemeinsame Haß gegen die katholische Kirche. Auf allen Straßen und Plätzen stehen die „vollkommenen Prediger" der Katharer und beschimpfen die katholische Kirche als „Hure Babylons" und „Synagoge Satans".

Das ist ein radikaler Angriff auf das ganze christliche Abendland. Der katholische Glaube ist ja im Mittelalter genau das, was heute für uns die freiheitlich-demokratische Grundordnung ist: verbindlich für alle und für jeden verpflichtend. In Rom ruft Papst Innozenz III. für Südfrankreich den Notstand aus. So jedenfalls versteht ganz Europa den Appell des Papstes an die Äbte der großen Zisterzienser-Klöster, aus der Abgeschiedenheit aufzubrechen und in Südfrankreich als Prediger gegen die Ketzer anzutreten.

So zieht auch Seine Gnaden Arnold Amalarich, der mächtige Abt von Cîteaux, predigend übers Land. Um sich einen furchterregenden Haufen von bis an die Zähne bewaffneten Soldknechten. Hinter sich einen langen Troß von Pferden, Maultieren und Dienern. Die Brust, als Zeichen seiner kirchlichen Würde, behangen mit Juwelen und mit Gold.

Es wird ein totales Fiasko. Wo Abt Arnold auftaucht, geht seine Predigt unter im Hohngelächter der Bevölkerung.

Auf der Landstraße kurz vor Montpellier begegnet der Abt mit seinem prunkvollen Troß zwei einsamen Wanderern. Es sind zwei verstaubte Spanier, die eigentlich seit drei Jahren in Dänemark sein sollten. Sie predigen so katholisch wie Abt Arnold. Aber seltsam: Obwohl der eine von beiden Bischof ist, haben sie keine Söldner bei sich und keine Diener, keinen Schmuck und kein Geld. Barfuß kommen sie daher. Wie die Apostel. Wie die Ketzer.

Erschüttert darüber, daß geistliche Herren in solche Armut geraten konnten, bittet Arnold Amalarich die beiden Spanier, für den Abend in Montpellier seine Gäste zu sein.

Die Stimmung des mächtigen Abtes ist düster. Gut die Hälfte, wenn nicht die Mehrheit der Bevölkerung unterstützt heimlich oder offen die Ketzer. Ob sie ihm noch etwas anderes raten könnten, fragt er die beiden Fremden, als den König von Frankreich zu Hilfe zu rufen und den Übermut der Ketzer im Blut zu ersticken?

„Ja", antwortet Dominikus, „Soldknechte und Diener entlassen, Pferde und Maultiere heimschikken, Gold und Juwelen verschenken, Schuhe ausziehen."

Dies ist die zeitlos gültige Erleuchtung des heiligen Dominikus: Der radikale Eifer der Sektierer kommt genausowenig vom Satan wie die Sexualität. Er ist vielmehr das spiegelverkehrte Abbild der genauso radikalen Korruption der Mächtigen.

In diesem Fall: der Kirche. Zum Beispiel sind in fast allen Kirchen Südfrankreichs die Kanzeln vermietet an Jahrmarktschreier. Die Geistlichen selbst predigen nicht mehr. Sie sind voll beschäftigt mit Pfründenjagd und Ämterschacher. Mit dem Geld und mit der Macht. Und sexuell leben sie in einer Weise, die sehr wohl den ketzerischen Aberwitz erklärt, der Teufel habe die Sexualität erschaffen.

Als der Morgen graut über Montpellier, geschieht das Unerwartete: Abt Arnold Amalarich, einer der reichsten Kirchenfürsten Europas, zieht sein golde-

Dominikus in der Diskussion mit Ketzern, ein Fresko aus dem Kloster Santa Maria Novella in Florenz. Mit seinem Versuch, das Radikalenproblem friedlich zu lösen, scheiterte der Heilige

nes Prunkgewand samt allen Juwelen aus. Er schickt seinen Troß nach Hause. Mit den beiden Spaniern zieht er barfuß von Ort zu Ort. Überall veranstalten sie öffentliche Diskussionen, bei denen Katholiken und Ketzer gleichberechtigt miteinander reden.

Die Wirkung ist etwa so, wie wenn heute Kardinal Höffner vor die Fernsehkameras träte, um zu erklären: „Unsere Kritiker haben recht. Wir schaffen die Kirchensteuer ab." Das wäre eine Sensation. Aber mehr nicht. Um tatsächlich etwas zu bewirken, hätte der Kölner Kardinal diesen Schritt vor zwanzig Jahren tun müssen.

Auch die Bekehrung Abt Amalarichs kommt viel zu spät. So groß ist schon der Haß gegen die Kirche, daß die radikalsten unter den Ketzern übergehen zu bewaffneten Anschlägen. Am 16. Februar 1208 wird der höchste Vertreter der katholischen Kirche, der Päpstliche Legat Peter von Castelnau, meuchlings ermordet.

Aus ist es mit dem Versuch, mit den Ketzern zu reden. Feierlich ruft der Papst den König von Frankreich auf, zwischen Pyrenäen und Alpen die katholische Grundordnung wiederherzustellen. Mit dem Schwert.

Dieser Ketzer-Krieg – „Albigenser"-Krieg genannt nach der südfranzösischen Stadt Albi – wird eines der grausamsten Blutbäder der Geschichte. Mit dem Schlachtruf „Gott wird die Seinen schon erkennen" metzeln die französischen Krieger alles unterschiedslos nieder: Katholiken und Ketzer, Bauern und Adlige, Kinder und Greise. Die katholische Kirche selber aber gründet, um ihr Radikalenproblem zu lösen, die „Heilige Inquisition".

Die Ketzer rächen sich durch heimtückische Terroranschläge im ganzen Land. Nicht weit von Fanjeaux, an der alten Straße nach Carcassonne, unternehmen sie auch auf Dominikus einen Mordanschlag.

Er kommt davon. Aber wie? Die Legende berichtet, er habe Gott so laut für das Martyrium gedankt, daß die Mordbuben von ihm abließen. Die Wirklichkeit war wohl ein bißchen anders. Im Karmeliter-Kloster von Florenz wird ein langes Messer als Reliquie aufbewahrt. Darauf steht auf lateinisch: „Das ist das Schwert, das der heilige Dominikus gebraucht hat." Ach, es war in jenen heillosen Jahren zum Schluß keiner mehr, der nicht blutige Hände hatte. Auch der Heilige nicht.

Dabei wäre es so leicht für ihn, sich aus allem herauszuhalten. Noch hat er daheim in Spanien seine Domherren-Pfründe. Sie entspricht nach heutigen Begriffen einer hochdotierten Beamten-Planstelle. Sein Bischof Diego ist gestorben. Dominikus könnte sein Nachfolger werden. Kehrt er nach Osma zurück?

Gerade das nicht. Mit heiliger Sturheit läßt sich Dominikus zwischen allen christlichen Mörderheeren nieder. In einem kleinen Backsteinbau über der Stadtmauer von Toulouse sitzt er und zieht Bilanz.

Es ist die Bilanz einer katastrophalen Niederlage. Da ist er jahrelang durch Südfrankreich gezogen, barfuß und arm wie die Apostel, im Herzen und auf den Lippen das reine Evangelium. Und was hat es genützt? Sechs Gefährten sind ihm treu geblieben. Sonst hat er niemanden bekehrt. Statt des Evangeliums Jesu Christi herrscht ein Religionskrieg, der Hunderttausende das Leben kostet. Verheerender könnte das Debakel nicht sein.

Das hatte er gewollt: alternativ leben wie ein Ketzer, aber glauben wie ein Katholik – ein Experiment der religiösen Intelligenz zwischen allen Fronten der Dummheit und des Fanatismus. Warum war er damit gescheitert?

Dies ist die zweite zeitlos gültige Erleuchtung des heiligen Dominikus: Diskussionen am Rande der Schlachtfelder und der Scheiterhaufen nützen der

Menschheit nichts. Wer die Welt ändern will, muß in das Geschäft mit der Macht. Er muß hinein in die große Politik.

Mit 45 Jahren, im Sommer 1215, fährt Dominikus nach Rom, ins weltpolitische Zentrum.

Mehr als ein halbes Jahr drückt er in der päpstlichen Kurie Klinken. Schmeichelt Bischöfen. Buckelt vor Kardinälen. Er, der einmal gesagt hat: „Eher laufe ich nachts am Stock davon, als daß ich mich um kirchliche Würden kümmere." Dann endlich steht der Heilige vor dem Papst.

Papst Innozenz III. ist klein von Wuchs, trägt einen hohen, spitzen Hut und spricht mit lauter, barscher Stimme. Er ist der mächtigste Papst des Mittelalters. Und der Heilige? Blaue Augen hat er und blondes, etwas krauses Haar. Und sehr schöne Hände. Seine Umgangsformen – dies bestätigen später alle Zeugen beim Heiligsprechungsprozeß – sind von sanfter Freundlichkeit. „Alle Menschen, selbst die Verdammten in der Hölle, umfing er mit seiner schrankenlosen Liebe." So schildert ihn Jordan von Sachsen, einer seiner ersten Gefährten.

Das südfranzösische Blutbad, sagt der Heilige dem Papst, wird sich in ganz Europa wiederholen, wenn nicht schleunigst zwei Dinge geschehen. Der religiöse Untergrund muß herausgeholt werden aus der Sektiererei und aus der Spinnerei. Die etablierte Kirche aber muß herausgeholt werden aus der Dummheit und aus der Korruption von Geld und Macht. Um beides zugleich zu verwirklichen, wolle er, Dominikus, in Toulouse einen Orden gründen, der das bedürfnislose Leben der Aussteiger verbinde mit der Treue zum katholischen Glauben. Und er bitte um die Erlaubnis, diesen neuen Mönchsorden über die ganze christliche Welt auszubreiten.

Hinter dem päpstlichen Thron steht Kardinal Hugolino. Das ist ein Machtpolitiker von überlegener Intelligenz. Er merkt sofort: Was dieser Mann aus

Dominikus und Franz von Assisi umarmen sich (Fresko von Benozzo Gozzoli). Die beiden Heiligen waren im Charakter äußerst verschieden, wollten aber das gleiche

Wie der Ordensvater es gebot,
betteln Dominikaner in der Bretagne ums tägliche Brot.
Reichtum und Arroganz der Priester
waren der größte Skandal des 13. Jahrhunderts

der südfranzösischen Szene dem Papst anbietet, ist ein historischer Kompromiß.

Und Innozenz III.? „Kraft Unseres apostolischen Amtes", fährt der Papst den Heiligen an, „verbieten Wir dir aufs strengste, einen neuen Orden zu ersinnen." Originell sei die Idee sowieso nicht. Ein abgeflogener Spiritueller aus Umbrien liege ihm die ganze Zeit mit einem ähnlichen Projekt in den Ohren. „Franz von Assisi", wirft Kardinal Hugolino hilfreich ein.

Mit dem Schiff – die Alpen sind zugeschneit – kehrt Dominikus 1215 schleunigst nach Toulouse zurück. Er versammelt die Gefährten. „Der Papst", beginnt er feierlich, „verbietet uns aufs strengste, einen neuen Orden zu ersinnen." Allgemeine Bestürzung. „Wir gründen deshalb", fährt der Heilige gelassen fort, „jetzt einfach einen alten."

Der Trick ist genial. Es gibt eine uralte, fast vergessene Ordensverfassung, in der nichts anderes steht als fromme Gemeinplätze. Das ist die sogenannte „Regel des heiligen Augustinus". Dieser Wischiwaschi-Regel bemächtigt sich Dominikus. Er gründet also formal keinen neuen Orden, sondern eine uralte Gemeinschaft von jungen Augustiner-Chorherren. Dann setzt er sich mit seinen Brüdern an einen Tisch und verfaßt mit ihnen ein kleines Schriftstück mit dem harmlosen Titel „Gebräuche". Es ist in Wirklichkeit das revolutionäre Grundgesetz eines neuen Ordens.

Nicht mehr in einsam-ehrwürdigen Abteien weit draußen auf dem Lande wollen sie leben, sondern in kleinen Kommunen mitten in den Städten. Keine Äbte wollen sie über sich haben, sondern alle Ämter demokratisch in freier Abstimmung wechselnd besetzen. Der ganze Lebensstil soll bedürfnislos sein, die Ernährung vegetarisch. Pferde – die Autos jener Zeit – sind verboten. Ebenso die Annahme von Pfründen (Planstellen). Ein Bettelorden soll es

Dominikus bei der Anbetung.
Unten die sogenannte „Venia" – „sich niederwerfen vor Gott". Diese Gebetshaltung ist im Dominikaner-Orden bis heute lebendig geblieben

Diese kleinen Buchmalereien aus dem 14. Jahrhundert werden in der Biblioteca Vaticana aufbewahrt. Sie tragen den Titel: „Die Gebetsarten des heiligen Dominikus“

Die Zeitgenossen berichten, daß Dominikus sich im Gebet zu Gott genauso lebhaft und ungezwungen benahm wie im Gespräch mit Menschen

Die untere Miniatur zeigt
Dominikus beim Studium. Der Heilige hielt nichts von
frommer Dummheit und schickte die
ersten Brüder sofort an die besten Universitäten der Zeit:
nach Paris und Bologna

sein, jedoch nicht so, daß die Brüder um Geld betteln, sondern daß sie von den Leuten dort, wo sie gepredigt haben, zu essen erbitten.

Nur Gebräuche? Die Lebensregeln, nach denen der neue Orden der Dominikaner sich richten wird, sind Punkt für Punkt die Lebensregeln der Ketzer.

Ordensgründung reichlich außerhalb der Legalität – Dominikus ist noch ganz damit beschäftigt, als in Rom Papst Innozenz III. stirbt. Anders als sein energischer Vorgänger ist der neue Papst Honorius schon alt und tatterig. Er sieht auch nicht mehr gut. Das macht aber nichts. Er unterschreibt alles, was ihm Kardinal Hugolino vorlegt.

Papst Honorius III. muß in den kommenden Jahren sehr viel unterschreiben. Über die Bischöfe Europas geht ein wahrer Regen von päpstlichen Empfehlungsschreiben nieder. Und in allen werden Dominikus und seine Brüder als „Spezis" des Papstes gerühmt: „filii speciales".

Dominikus und Hugolino: Das ist ein historischer Deal zwischen Gesinnung und Macht. Einerseits bekommen die Alternativen im Dominikaner-Orden – und fast gleichzeitig im Orden des heiligen Franz von Assisi – einen weiten, autonomen Raum, in dem sie sich entfalten können. Im Gegenzug bekommt die Kirche einen neuen Typ von Seelsorgern, den sie dringend braucht für ihre Erneuerung. Und für die Stärkung ihrer Macht.

Ein gefährlicher Deal. Die spätere Korruption des Dominikaner-Ordens durch die Macht, wie sie Dante in der „Göttlichen Komödie" geißelt, ist im Grunde schon vorgegeben durch die Kompromiß-Strategie des Stifters.

Aber es ist doch auch ein fruchtbarer Kompromiß. In Paris und in Bologna, in Köln und in Krakau, wo immer die ersten Dominikaner auftauchen, werden sie von den Studenten, vom jungen städtischen Bürgertum mit heller Begeisterung empfangen: endlich Mönche, die so radikal bescheiden leben wie die Apostel. Wie die Urchristen. Wie die Ketzer. Die mitten unter den Leuten leben, mitten unter den Studenten an den Universitäten. Und die etwas Neues zu sagen haben.

An der Kölner Ordenshochschule macht ein deutscher Dominikaner, der heilige Albertus Magnus, die ersten naturwissenschaftlichen Experimente. An der Pariser Universität verkündet ein italienischer Dominikaner, der heilige Thomas von Aquin, unter dem Jubel der Studenten und zum Ärger des Pariser Erzbischofs eine neue Philosophie. Thomas von Aquin wörtlich: „Von allen Argumenten ist das Argument mit der Autorität das schwächste." Und in den rheinischen Frauenklöstern des Dominikaner-Ordens entwickeln Nonnen um Meister Eckart die deutsche Mystik – Methoden der Meditation, die allem weit überlegen sind, was die Deutschen heute aus Indien importieren.

„Der Orden des heiligen Dominikus", sagt Katharina von Siena, „ist wie ein Garten, unermeßlich schön, voll Duft und guter Laune."

Einst selber ein mörderischer
Sklavenhalter auf Haiti, später der tapferste Ankläger
gegen die Ausbeutung und Ausrottung
der Indianer: Bartolomé de Las Casas mit dem Bischofskreuz

VII

Las Casas
Der Kolonialismus

Schön wie das Paradies waren die Inseln vor der Küste Amerikas alle, als Kolumbus dort im Jahre 1492 landete. Aber keine war so schön wie Haiti, so reich und fruchtbar, so dicht besiedelt wie ein Bienenstock.

Zwei Jahrzehnte danach ist dieser Garten Eden nur noch ein stinkendes Leichenfeld. Die 1,1 Millionen Indianer, die (nach modernen Schätzungen) zuvor auf der Insel lebten, sind, bis auf einen jammervollen Rest von 16 000, zur Hölle gefahren: gehenkt, ertränkt, verbrannt, als Sklaven in den Goldgruben zu Tode gequält, dahingerafft von europäischen Seuchen, niedergemetzelt im wahnsinnigen Blutrausch der christlichen Eroberer.

Der letzte Indianer-Fürst vom Taino-Stamm, der dem Massaker entkam, hieß Hatuey. Er floh nach Kuba. Dort fingen ihn die Spanier mit Bluthunden wieder ein.

Schon war er auf den Scheiterhaufen gebunden, als ein Missionar vom Orden des heiligen Franziskus auf ihn zutrat und ihm ein Kruzifix vor die Augen hielt. Dies sei der wahre Gott. Wenn er sich zu ihm bekehre, werde er in den Himmel kommen, den Ort des ewigen Glücks. Wenn er aber nicht an diesen Gott glaube, werde er zur Hölle fahren, zum Ort der ewigen Qual.

Zuerst schwieg der Indianer. Dann fragte er den Missionar, ob denn auch Christen in den Himmel kämen. „Allerdings“, antwortete der Franziskaner, „alle guten Christen kommen da hinein.“ Da erwiderte der Indianer, lieber wolle er ewig in der Hölle brennen, als im Himmel leben zu müssen unter diesen grausamsten aller Menschen.

Es ist das Jahr 1542. In seinem spanischen Throngemach sitzt Karl V., König von Spanien und Kaiser von Deutschland; schweigend vernimmt der Monarch diese grauenhafte Schilderung von dem Völkermord, der seit vier Jahrzehnten an den Eingeborenen in den neuen Kolonien geschieht: auf Haiti und auf Kuba, in Florida und Mexiko, in Venezuela und Peru.

Vor dem Kaiser, in der weiß-schwarzen Kutte der Dominikaner, steht ein 68jähriger Mönch aus Haiti. Der Bericht, den er vorliest und den er selbst geschrieben hat, trägt den bescheidenen Titel: „Brevísima Relación – Äußerst kurzer Bericht von der Verwüstung der indianischen Länder.“ Dieses Büchlein, ein paar Jahre später in Sevilla gedruckt, wird das spanische Weltreich so erschüttern wie jetzt das Gewissen des Kaisers. Denn hier spricht ein Augenzeuge. „Ich habe es selbst gesehen“, so beginnt fast jede der fürchterlichen Blutszenen. Oder: „Dies ist die Erfahrung der Augen.“ Und, als genügte dies nicht: „Ich konnte es mit Händen greifen.“

So schildert der Mönch dem Kaiser, wie die Christen auf Haiti die Indianer bündelweise henkten, stets dreizehn an einem Galgen, „zu Ehren und zur Verherrlichung des Erlösers und der zwölf Apostel“. Wie Banden von verwahrlosten deutschen Landsknechten das heutige Venezuela verwüsteten. Wie in den Städten Mexikos, nach der christlichen Eroberung, unter Bergen von Leichen verstümmelte Kinder klagend hervorgekrochen kamen, und wie die Spanier, nur so zum Spaß, die zappelnden Leiber mit einem einzigen Schwerthieb entzweischlugen. Wie alle Indianerstämme auf den Bahamas und auf Trinidad durch die höllische Zwangsarbeit der Perlenfischerei ausgerottet wurden:

„Man senkt die Perlenfischer nämlich drei, vier, auch wohl fünf Klafter tief ins Meer, und zwar von Sonnenaufgang bis Sonnenuntergang. Unaufhörlich wird ihr Leib von Kälte durchdrungen, ihre Brust vom häufigen Zurückhalten des Atems zusammengepreßt, bis sie Blut speien. Ihr Haar, das von Natur schwarz ist, wird brandrot wie das Fell der Meerwölfe. Auf ihrem Rücken schlägt Salpeter aus. Zum Schluß, bevor sie sterben, sehen sie aus wie Ungeheuer in Menschengestalt."

„Das habe ich selbst gesehen", sagt Las Casas dem Kaiser. Und: „Ich war so verblendet wie alle andern." Denn bevor er die Kutte des heiligen Dominikus anzog, war dieser Augenzeuge selbst einer der spanischen Sklavenhalter auf Haiti.

Wenn er jetzt dem Kaiser schildert, wie sich die Indianer auf Kuba zu Hunderten selber aufgehängt haben, nur um der Fronarbeit in den Goldgruben der Spanier zu entgehen, so weiß er vor Gott, wovon er redet. Er hat ja selber eine Goldgrube auf Kuba ausgebeutet.

Der Mönch, der aus der Hölle kam, heißt Bartolomé de Las Casas.

Geboren wurde Las Casas 1474 in Sevilla als Sohn von getauften Juden. Der Vater war ein verschuldeter Kaufmann. Die Mutter brachte die Familie mit einer kleinen Bäckerei durch.

Und dann, auf einmal, 1493, die ungeheure Chance. Die Sensation. Kolumbus ist aus „Westindien" zurückgekehrt.

Ganz Sevilla rennt hinunter zum Hafen. Der 19jährige Bartolomé rennt mit. Er sieht die phantastische Fracht der beiden Karavellen: sieben Indianer im Federschmuck, Masken und Gürtel aus lauterem Gold, Papageien, Edelsteine und „eine Kugel, die von selber wieder hochhüpft, wenn man sie fallen läßt". Der erste Gummiball ist in Europa angekommen.

Hatuey, der letzte Indianer-Fürst auf Haiti, wird von den spanischen Eroberern auf dem Scheiterhaufen verbrannt. Ein Franziskaner will ihn im letzten Augenblick bekehren

Von unermeßlichen Ländern berichten die Heimgekehrten, von unerhörten Reichtümern und von Eingeborenen, die so friedlich sind, daß sie sich alles gefallen lassen. Für eine Familie wie die Las Casas, für unzählige verarmte Spanier, ist die Chance fabelhaft. Als Kolumbus kurz darauf zum zweitenmal nach „Westindien" in See sticht, ist Pedro de Las Casas, der Vater, dabei. Bartolomé soll erst sein Jura-Studium beenden und dann nachkommen.

Fast zwei Jahrzehnte später, im Frühjahr 1512, kniet im Beichtstuhl des Dominikaner-Klosters von Santo Domingo auf Haiti ein Priester nieder, um sein österliches Sündenbekenntnis abzulegen. Es ist Bartolomé de Las Casas, der erste katholische Priester, der in Amerika geweiht worden ist. Aber so unschuldig wie einst jener Jura-Student, der sich im Hafen von Sevilla über einen Gummiball entzückt hat, ist der Priester Las Casas nicht mehr.

Zwar scheint ihm, daß er gar nicht viel zu beichten habe. Nur ein paar Weibergeschichten, Belanglosigkeiten, flüstert er dem Mönch Pedro de Cordoba durchs Gitter zu. Da unterbricht ihn dieser schroff: „Was tun Sie mit Ihren Indianern?"

Für den Priester Las Casas ist nämlich das kirchliche Amt nur eine Nebenbeschäftigung, zu dem ihn seine Familie gedrängt hatte, des regelmäßigen Einkommens wegen. Inzwischen ist er ein erfolgreicher Großgrundbesitzer und Sklavenhalter.

Über den wütenden Streit, der jetzt ausbricht im Beichtstuhl zu Santo Domingo, sind wir bestens unterrichtet. Las Casas selber hat die Szene niedergeschrieben. Sie endet damit, daß der Mönch den Priester, Großgrundbesitzer und Sklavenhalter aus dem Beichtstuhl wirft: „Solange Sie Ihre Verbrechen gegen die Indianer nicht bereuen, kann ich Sie nicht lossprechen. Und wenn Sie Ihre Sklaven nicht freilassen, wird der gerechte Gott Sie in die Hölle stoßen."

Was tut der Priester Las Casas in seiner Höllenangst? Ganz einfach: Er läuft über die Straße zu den milderen Söhnen des heiligen Franziskus. Dort bekommt er die Absolution.

Aber der Stachel ist in sein Gewissen gesenkt. Zwei Jahre danach – er blättert in der Bibel, um seine Pfingstpredigt vorzubereiten – ist es ihm, als träfe ihn der Strahl des göttlichen Zorns. Im 34. Kapitel des Buches Sirach liest er: „Den Nächsten mordet, wer ihm den Unterhalt nimmt, Blut vergießt, wer dem Arbeiter den Lohn vorenthält." In diesem Augenblick, mit 40 Jahren, so bekennt er später, „sah ich ein, daß alles, was mit den Indianern geschieht, nichts ist als Ungerechtigkeit und Blutherrschaft".

Er geht zu Diego Velasquez, dem Gouverneur von Haiti, und eröffnet ihm, daß er alle seine Indianer freilasse. Das Gold, das er an ihnen verdient habe, wolle er dazu verwenden, um am königlichen Hof in Spanien für die Indianer einzutreten. Darüber ist der Gouverneur sehr erleichtert. Auf seiner Insel hat er schon Ärger genug mit den Dominikanern. Einen weiteren kirchlichen Streiter für die Rechte der Indianer kann er nicht brauchen. Und der königliche Hof in Spanien ist weit. Herzlich wünscht Velasquez dem Apostel der Menschenrechte gute Fahrt.

Mögen die Völker Amerikas zugrunde gehen, daheim am spanischen Hofe ist das Schachspiel groß im Schwange. Also spielt Las Casas Schach, fast fünf Jahre lang, und spricht dabei mit wichtigen Männern: mit Diego Kolumbus, dem Sohn des Entdeckers und Vizekönig für Amerika, mit den Beichtvätern und Hofpredigern, mit dem Reichskanzler Jean Sauvage.

Das Geduldspiel zahlt sich aus. Außer dem offiziellen Titel „Sachwalter der Indianer" bekommt Las Casas 1520 fast die gesamte Küste Venezuelas zugesprochen, und zwar für den Modellversuch einer „friedlichen Bekehrung" der Indianer.

Als erstes entwirft Las Casas für seine Mitarbeiter eine schöne Uniform. Am wichtigsten ist ihm dabei ein wehender weißer Mantel mit aufgesticktem Kreuz. In solche Mäntel steckt er eine Handvoll Priester und Beamte sowie siebzig spanische Bauern – regelrechte Entwicklungshelfer vor der Zeit. Dann verleiht er ihnen noch den Titel „tugendsame Genossen" und sticht mit ihnen gen Venezuela in See.

Beim Zwischenhalt in Puerto Rico verlaufen sich die siebzig Entwicklungshelfer samt ihren wehenden weißen Mänteln auf der ganzen Insel: mordend, sengend, hurend, plündernd. Ungerührt ersetzt Las Casas sie durch eine andere Sorte „tugendsame Genossen", durch politische Sträflinge, und sticht erneut gen Venezuela in See.

Dort findet er die beiden Missionsklöster, von denen aus er sein Friedenswerk einleiten wollte, leider nicht mehr vor. Die Franziskaner-Mönche sind ertrunken, die Dominikaner-Mönche von den Indianern aufgegessen worden. Kaum an Land, meutern die „tugendsamen Genossen" und brechen auf zur Sklavenjagd. Die „friedliche Bekehrung" Venezuelas endet in einem Blutbad. Als einer der wenigen Überlebenden kehrt der erschöpfte Bartolomé de Las Casas im Dezember 1521 nach Haiti zurück. Seine einstigen Freunde, die Sklavenhalter der Insel, empfangen ihn mit Hohngelächter.

Am härtesten trifft ihn dies: Den Indianern zuliebe hatte Las Casas am spanischen Hof den Vorschlag gemacht, die Indianersklaven in Amerika doch wenigstens bei den grausamsten Arbeiten, etwa in den Goldgruben, durch Neger zu ersetzen. Denn die seien „nicht so zart".

Dieser fatale Rat ist befolgt worden. Haiti ist jetzt vollgepfercht mit Negersklaven. Der letzte Indianer ist derweil an den spanischen Pocken gestorben. Und es ist alles schlimmer als zuvor.

Es gibt Niederlagen, nach denen einem Mann von Ehre nur eines bleibt: den Mund halten und verschwinden. Der beste Ort dafür ist ein Kloster. Bei seinen Gesinnungsfreunden, den Dominikanern von Santo Domingo auf Haiti, wird Bartolomé de Las Casas 1522 im Alter von 48 Jahren Mönch.

Während für ihn die „Jahre des Schweigens" beginnen, vollenden die Spanier die Eroberung Mexikos mit dem Schwert. Eine tüchtige deutsche Firma, die Welser aus Augsburg, verheert Venezuela. Die Kolonisierung von Argentinien beginnt. Pizarro erobert Peru und plündert den Schatz der Inkas. Der „Sachwalter der Indios" aber schweigt. Ein volles Jahrzehnt. Er sitzt im Kloster und betet und büßt.

Ave Maria! Durchs wilde Bergland von Guatemala ziehen zwei fahrende Sänger. Die Kakteen staunen starr und stumm. Die beiden Männer singen „Ave Maria, gratia plena!"

Spanische Missionare haben das herausgefunden: Die Indianer sind nach Melodien so süchtig wie nach Alkohol. Wer ihnen Böses will, der komme ihnen mit Schnaps. Wer ihnen Gutes will, der komme ihnen mit Musik. Dabei sind die beiden Sänger gar keine spanischen Missionare. Denn die Indianerstämme im Bergland von Guatemala sind so kriegerisch, daß sich noch kein Spanier ungestraft in ihr Land gewagt hat. Die beiden Sänger sind eingeborene Händler.

Sehnsüchtig drängen sich die Indianer herbei. Wo die beiden diese wunderbare Melodie herhätten? Dieses „Ave Maria"? Sie erfahren, daß es unten, in Santiago de Guatemala, christliche Priester gebe, im weißen Rock mit einem schwarzen Mantel: „Die singen noch tausendmal schöner als wir."

Freilich seien die weiß-schwarzen Priester anders als die anderen Europäer. Sie trügen keine Waffen und kämen niemals ungebeten. Wer sie singen hören wolle, der müsse sie zu sich einladen.

Im Jahre 1598 wurde der „Äußerst kurze Bericht von der Verwüstung der indianischen Länder" in Frankfurt gedruckt. Die hier gezeigten Kupferstiche stammen aus dieser deutschen Ausgabe

Und wieder staunen die Kakteen starr und stumm: Durchs wilde Bergland von Guatemala zieht, von den Indianern hergebeten, eine feierliche Prozession von Dominikaner-Mönchen. Vorneweg Bartolomé de Las Casas. Sie singen alles, was sie singen können. Von Ave Maria bis Kyrieleis. Ganze Indianerstämme folgen ihnen wie in Trance. Zum Schluß, in einem großen Friedensfest am See von Atitlan, tauft Las Casas den obersten Häuptling der Indianer auf den verheißungsvollen Namen Don Juan.

Das ist der phantastische Höhepunkt eines stocknüchternen Unternehmens. Nach einem Jahrzehnt des klösterlichen Schweigens ist der alte Las Casas noch einmal aufgebrochen zum Kampf für seine Indios. In heiligem Grimm ist er diesmal entschlossen, das ganze spanische Kolonialreich auf den Kopf zu stellen.

Zuerst mußte er das Fiasko der „friedlichen Bekehrung" von Venezuela wiedergutmachen. Das gelingt ihm ausgerechnet im Hochland von Guatemala, wo die Indianerstämme kriegerisch und grausam sind.

Jetzt plant er jeden Schritt sorgfältig: angefangen mit einem königlichen Erlaß, der alle Europäer außer ihm und seinen Mitbrüdern für fünf Jahre aus dem Missionsgebiet aussperrt, bis hin zur musikalischen Sympathiewerbung durch vorausgeschickte indianische Händler.

Vor allem sorgt er für einen regelrechten Vertrag zwischen den getauften Stämmen und dem Vizekönig von Mexiko. Darin unterstellen sich die Indianer dem Kaiser als „freie Lehnsherren". Umgekehrt werden ihnen die gleichen Rechte und Freiheiten zugesichert wie den Spaniern und den Deutschen. Der Kaiser selbst wird der neuen Modell-Provinz den Namen „Verapaz" verleihen – „Land des wahren Friedens".

Als Las Casas 1542 an den königlichen Hof nach Spanien zurückkehrt, wird der erfolgreiche „Sachwalter der Indios" im Triumph empfangen. Nach der Eroberung von Mexiko und Peru ist den Ratgebern des Kaisers endlich klargeworden, daß da nicht nur ein paar spanische Beutezüge an die „Westküste Indiens" im Gange sind. Eine ganze „Neue Welt" ist dem Kaiser zugefallen. Ein Reich, in dem „die Sonne nicht untergeht".

Ein Weltreich aber kann nicht blühen, wenn seine Regierung es zuläßt, daß halbstarke Verbrecherbanden ganze Völker ausrotten. Der Völkermord in Amerika ist gegen die wirtschaftliche und politische Vernunft. Als Las Casas 1542 mit 68 Jahren vor Kaiser Karl V. tritt, um ihm seinen „Äußerst kurzen Bericht von der Verwüstung der indianischen Länder" vorzutragen, ist er der Mann der Stunde.

Er kommt auch als Mann der Kirche. Die große Mehrheit der Bischöfe in Spanisch-Amerika unterstützt ihn. Sie sind ja hinübergezogen mit dem Ehrgeiz, Heiden zu bekehren. Tote Heiden aber sind unbekehrbar.

Der Dominikaner-Orden, in Rom so mächtig wie in Madrid, fördert die Sache von Las Casas beim Papst. Mit der Bulle „Sublimis Deus" („Der erhabene Gott") erhebt Papst Paul III. die Thesen des bekehrten Sklavenhalters zur Doktrin der Kirche: daß die Indianer die gleiche menschliche Natur besitzen wie die Europäer, den gleichen Verstand, das gleiche Recht auf Freiheit und auf Eigentum. Keinen andern Grund gebe es für Christen, sich in Amerika aufzuhalten, als „das Evangelium zu verkünden und ein Beispiel guter Sitten zu geben".

Eine unerquickliche Bulle für den Kaiser. Die spanische Macht in Amerika hat ja nur eine hauchdünne Rechtfertigung. Das ist der Auftrag, die Indianer zum Christentum zu bekehren, den der Heilige Stuhl 1493 dem spanischen Königspaar Ferdinand

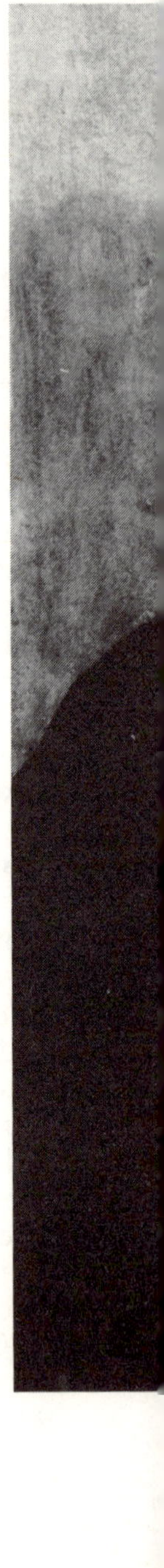

Kaiser Karl V. ließ sich 1542
durch Las Casas zu den „Neuen Gesetzen" bewegen,
die den Indianern Südamerikas die
gleichen Rechte zusprachen wie den Spaniern
und den Deutschen

und Isabella erteilt hatte. Zwei andere katholische Nationen warten nur darauf, daß der Papst den Spaniern diesen Auftrag wieder wegnimmt und ihnen überträgt: Portugal und Frankreich.

Dringend braucht der Kaiser deshalb jetzt den Spanier, der eine christliche Politik in Amerika verkörpert. Er braucht Bartolomé de Las Casas. Mit fast 70 Jahren übernimmt der Mönch aus Haiti die Regie der kaiserlichen Herrschaft über Amerika.

Zuerst sorgt er dafür, daß der gesamte „Indien-Rat" zum Teufel geschickt wird. Das ist die oberste Behörde für Amerika. Die neuen Männer, die der Kaiser an ihre Stelle beruft, sind alle von Las Casas ausgewählt. Dann formuliert der Mönch dem Kaiser ein ganzes Bündel von radikalen Reformgesetzen. Das sind die „Leyes Nuevas", die „Neuen Gesetze".

Darin werden die schlimmsten Formen der Sklaverei, zum Beispiel die Perlenfischerei, auf der Stelle verboten. Die „Zuteilung" („encomienda") leibeigener indianischer Arbeiter an spanische Großgrundbesitzer wird abgeschafft, schon bestehende „encomiendas" sollen mit dem Tod ihres Besitzers erlöschen. Als „freie Lehnsherren" des Königs werden die Indianer den Spaniern in allen Rechten gleichgestellt, vor allem auch im Recht auf Arbeitslohn und Eigentum.

Einen einzigen Rat von Las Casas schlägt der Kaiser in den Wind: vor der Verkündung der „Neuen Gesetze" die mächtigsten spanischen Großgrundbesitzer aus Amerika nach Europa zu deportieren.

Die Folgen dieser Unterlassung sind fatal. In Peru erheben sich die Kolonialherren um Gonzalo Pizarro zum bewaffneten Aufstand gegen die Reformgesetze aus Spanien. In fast allen anderen Provinzen sehen sich die Gouverneure außerstande, die Reformen durchzusetzen.

Las Casas selbst begeht den Fehler, vorübergehend als Bischof von Chiapas nach Mexiko zu gehen, statt dem kaiserlichen Hof nach Deutschland zu folgen. Dort trickst ihn derweil die Lobby der Kolonialisten aus. Mit den Erlassen von Mechelen, 1545, und Regensburg, 1546, nimmt Kaiser Karl V. den größten Teil der „Neuen Gesetze“ wieder zurück.

Ist Las Casas gescheitert? Ja, denn es ist ihm nicht gelungen, die Indianer aus der entwürdigenden Unterdrückung als Menschen zweiter Klasse zu befreien. Nein, denn er hat in den kurzen Jahren seiner Reformpolitik zwei Dinge erreicht. Einmal mildert sich die „encomienda“ – die „Zuteilung“ von Indianern an Spanier – von einem System der mörderischen Sklaverei zu einem System erträglicher Tributzahlungen der indianischen Dörfer an den örtlichen spanischen Feudalherrn.

Vor allen Dingen aber ist es Las Casas mit den „Neuen Gesetzen“, so kurzlebig sie waren, doch gelungen, dem Holokaust an den Indianern Lateinamerikas Einhalt zu gebieten. Anders als auf Haiti und auf Kuba haben die Indianer in den meisten spanischen Kolonien auf dem Festland überlebt.

Dies festzuhalten ist wichtig, weil die protestantische Propaganda, in England vor allem, aber auch in Deutschland, die Enthüllungen von Las Casas mißbraucht hat, um die Katholiken in Lateinamerika besonderer Grausamkeit zu bezichtigen. Was solche konfessionelle Polemik taugt, zeigt ein Blick auf die Völkerkarte Amerikas. Im protestantischen Norden sind die Indianer, bis auf einen jämmerlichen folkloristischen Rest, ausgerottet. Daß sie im Süden in den meisten spanischen Kolonien wenigstens mit dem Leben davongekommen sind, ist das Verdienst von Bartolomé de Las Casas.

Fast ist es, als könne dieser Mann, der für das Leben anderer kämpfte, selbst nicht sterben. 14mal hat er für seine Indianer die lebensgefährliche Seereise zwischen Spanien und der Neuen Welt unternommen. Vor Jamaica gerät er in einen Orkan. Mannschaft und Missionare, alles geht über Bord. Der 70jährige Las Casas hält allein das Steuer des Schiffes fest.

In einer öffentlichen Auseinandersetzung, an der das ganze gebildete Spanien teilnimmt, tritt Bartolomé de Las Casas mit 76 Jahren gegen Juan de Sepúlveda an, den Hofchronisten des Kaisers. Sepúlveda, einer der brillantesten spanischen Humanisten, vertritt die These des griechischen Philosophen Aristoteles, daß Gott zwei Sorten Menschen erschaffen habe: „Freie von Natur" und „Sklaven von Natur". Die Indianer wären danach „Sklaven von Natur".

In einem fünf Tage dauernden Streitgespräch, der „Disputation von Valladolid", stampft der zahnlose alte Mönch den Doktor Sepúlveda samt Aristoteles so in den Boden, daß niemand jemals wieder in der katholischen Kirche die Behauptung wagen wird, Gott habe „Sklaven von Natur" erschaffen.

Mit 85 vollendet er seine „Historia General de las Indias". So schonungslos rechnet er darin mit dem Kolonialismus ab, daß die spanische Zensur das Buch drei Jahrhunderte lang verbieten wird.

Mit über 90 Jahren noch kämpft er vor dem „Indien-Rat" für die Indianer von Coban, die gegen ihre spanischen Ausbeuter einen Prozeß anstrengen. Zuletzt liegt auf seinem Schreibtisch ein unvollendeter Brief, in dem er Papst Pius V. auffordert, in Amerika keine Bischöfe mehr zu ernennen, die nicht die Sprache der Indianer können.

Im Juli 1566, im Alter von 92 Jahren, ist Bartolomé de Las Casas in Madrid gestorben. Die katholische Kirche hat ihn bis heute nicht heiliggesprochen. Sein Grab ist unbekannt.

Das letzte Bild vor der
Ermordung: Charles de Foucauld 1916 in der Sahara. Für
sein „Mönchstum mitten in der Welt"
fand er zu Lebzeiten nicht einen einzigen Gefährten

VIII

Charles de Foucauld
Das Abenteuer der Religion

In einem der elegantesten Salons der „Belle Epoque“ – der „schönen Zeit“ von Paris – versammelt sich im Januar 1882 ein edler und reicher Krisenstab. Es handelt sich um den Familienrat des Grafen de Foucauld. Den Vorsitz führt die berühmte Tante Inès (berühmt, weil von dem großen Künstler Ingres oft gemalt). Einziger Punkt der Tagesordnung: der skandalöse Lebenswandel des Neffen Charles, 23.

„Monsieur de Foucauld kennt weder Pflicht noch Gehorsam, hat einen leeren Kopf und denkt an nichts als ans Vergnügen.“ Das ist das amtliche Urteil der französischen Armee über den künftigen Heiligen. Und einer seiner Freunde an der elitären Offiziers-Schule von Saint-Cyr beschreibt ihn so: „Wer Foucauld nicht gesehen hat, wie er auf seiner Stube liegt, lässig ausgestreckt auf seinem Kanapee im weißen tressenverzierten Flanell-Pyjama, wie er eine raffinierte Gänseleber-Pastete mit Trüffeln verzehrt und einen erlesenen Champagner dazu, der hat keine Ahnung, was das ist: ein Lebemann.“

Die Militärärzte hatten ihn anfangs sogar vom Dienst zurückgestellt – „wegen Fettsucht und Muskelschlaffheit“. Selbst aufs Exerzierfeld in Saint-Cyr läßt er sich in einer Kutsche fahren, deren Trittbrett so gebaut ist, „daß ich meinen Fuß beim Aussteigen nicht zu heben brauche“.

Während sein Klassenkamerad Philippe Pétain (der spätere Marschall und Staatschef) bis spät in die Nacht Militärgeschichte büffelt, läßt Charles de Foucauld sich Abend für Abend nach Paris kutschieren – in die Lasterhöhlen sinnlicher Erquickung.

Später, als junger Kavallerie-Offizier in Saumur an der Loire, mietet er in einem Haus der Sünde einen ganzen Flur von Chambres séparées. Fuderweise läßt er für sich und seine Freunde die leichten Mädchen aus Paris ankarren – zu unerhörten, unbeschreiblichen Orgien der Fleischeslust.

Seine Mittel erlauben ihm das. Mit 18 Jahren hatte er eine Erbschaft von 840 000 Goldfranken angetreten. Das sind, nach heutigem Geldwert, rund sechs Millionen Mark. Jetzt ist er 23, wo ist all das Geld in fünf Jahren hin?

Einen beträchtlichen Teil hat wohl Mimi kassiert. Sie ist eine der legendären Pariser Kokotten jener Zeit, ein äußerst heiteres, zierliches Mädchen von unbeschränkter Anpassungsfähigkeit an Charles' oftmals sehr aparte Wünsche.

Mimi wird ihm zum Verhängnis. Als sein Regiment nach Algerien verlegt wird, nimmt er sie mit und treibt es dort mit ihr so schamlos, daß ihn die französische Armee 1881 zum Teufel jagt – „wegen Ungehorsams, verschlimmert durch anstößiges Benehmen in der Öffentlichkeit".

Karriere gescheitert, Vermögen verjubelt: Das ist die traurige Bilanz für den Neffen Charles, die der Foucauldsche Familienrat an diesem düsteren Januarabend 1882 in Paris zieht. Eine einzige Stimme erhebt sich zu seiner Verteidigung. Das ist seine Cousine Marie de Bondy. „Charles", haucht sie, „hat eine so unglückliche Kindheit gehabt."

1858 ist Charles de Foucauld in Straßburg geboren. Als er fünf Jahre alt ist, geht die Ehe seiner Eltern zu Bruch. Mit sechs erlebt er, wie zuerst sein Vater an Tuberkulose, dann seine Mutter im Kindbett stirbt. 1870, als Zwölfjähriger, muß er mit seinem Großvater vor den siegreichen Preußen aus

Straßburg fliehen. Er kommt nach Paris an ein Jesuiten-Gymnasium. Dort verliert er den Glauben und wird mit 15 wegen Ungehorsams und asozialen Benehmens von der Schule gejagt.

Und jetzt aus der Armee. „Wir müssen etwas tun", seufzt die schöne Tante Inès, „sonst ruiniert er nicht nur sich selbst, sondern unser ganzes Geschlecht."

So faßt denn der gräfliche Familienrat 1882 in Paris einen Doppel-Beschluß. Erstens: Der Verschwender Charles wird entmündigt. Dank der guten Beziehungen zwischen dem Salon von Tante Inès und der Justiz ist das im Handumdrehen geschafft. Zweitens: Der Wüstling Charles wird entmännlicht. Mittels Religion.

Natürlich soll der Neffe Charles nicht ernsthaft fromm werden. Halt so ein bißchen fromm – gerade fromm genug, um eine sittsame Ehe einzugehen und sein weiteres Leben der Verwaltung der gräflichen Güter zu widmen. Als biederer Familienvater. Die heikle Aufgabe, Charles in diesem Sinne auf der Seele zu knien, übernimmt seine einfühlsame Cousine Marie de Bondy.

Der Neffe reagiert mit Verachtung. Weder die Entmündigung noch die Seelsorge nimmt er zur Kenntnis. Er schifft sich ein nach Nordafrika. Alsbald dringt aus Algier seltsame Kunde nach Paris.

Wie ein Asket vergräbt Charles sich dort in arabischen Bibliotheken. Wie besessen studiert er Hebräisch. Dauernd steckt er zusammen mit Rabbi Mardochi Abi Serur, einem jüdischen Priester aus Marokko, der gerade sein ganzes Geld in Paris im Moulin Rouge verjubelt hat. Was haben die beiden gescheiterten Existenzen vor?

Marokko! Auf europäischen Landkarten im Innern damals noch immer ein großer weißer Fleck. Für Christen – von wenigen Häfen abgesehen – ein bei Todesstrafe verbotenes Land. Für Juden nicht.

Am 25. Juni 1883 überquert ein marokkanischer Rabbi namens Mardochi Abi Serur die Grenze vom französisch besetzten Algerien ins verbotene Marokko. Hinter ihm ein stilechter russischer Rabbi namens Joseph Aleman. Der Zöllner spuckt nur in den Sand: „Möge Gott in Ewigkeit deinen Vater in der Hölle brennen lassen, Jude!"

Von Getto zu Getto ziehend, wird der russische Rabbiner in Marokko dreimal fast von Räubern ermordet. Dreimal retten Mohammedaner dem Juden das Leben. Nur mit Kompaß und Sextant gelingt ihm als erstem eine genaue Kartenskizze des marokkanischen Atlas-Gebirges. „Forschungsreise durch Marokko" heißt das Buch, in dem Charles de Foucauld alias Rabbi Joseph Aleman diese abenteuerliche Reise beschreibt. Es macht ihn mit einem Schlag weit über Frankreichs Grenzen hinaus berühmt.

Die englische Presse überschüttet ihn mit Lob. Die „Geographische Gesellschaft" in Paris verleiht ihm ihre Goldmedaille. Jahrzehnte vor Lawrence of Arabia hat die Belle Epoque ihren Wüsten-Helden.

Wenn er, hager und athletisch geworden, im weißen Burnus jetzt die großen Boulevards auf und ab stolziert, dann drehen alle Frauen von Paris sich nach ihm um. Selbst der französische Ministerpräsident, der Herzog de Broglie, drängt in den Salon von Tante Inès, um Charles de Foucauld kennenzulernen. Und da man einem Ministerpräsidenten schlecht einen entmündigten Neffen vorstellen kann, sorgt Tante Inès dafür, daß Charles schleunigst wieder mündig wird.

Wie steht es inzwischen mit der „Entmännlichung durch Religion"? Getreu dem Beschluß des gräflichen Krisenstabes, versorgt die Cousine Marie den Afrika-Helden mit süßen Schriften über das Herz Jesu. Ob Charles das Zeug überhaupt anschaut? „Ich fürchte", seufzt die schöne Tante Inès, „wir müssen den Kaplan Huvelin einschalten."

Charles als junger Offizier. In jenen wilden Jahren schlug er alle Warnungen seiner frommen Tante Inès vor den Sünden des Fleisches in den Wind

Der Priester, der Charles de Foucauld bekehren wird, ist eine der fabelhaftesten Figuren der Belle Epoque. Vom Rheumatismus frühzeitig bis fast auf den Boden gekrümmt, sitzt der Kaplan Huvelin in den Pariser Salons herum, ein blendender Gesprächspartner für Intellektuelle aus aller Welt. Von ihm stammt der Satz: „Man sollte niemals auch nur einen Blick in die katholische Presse werfen."

Zwischen dem krummen Kaplan und dem strahlenden Helden ist es eine Freundschaft auf den ersten Blick. Es wird eine Freundschaft bleiben bis zum Tod. Im Beichtstuhl von Kaplan Huvelin legt Charles de Foucauld alsbald ein – zweifellos sehr inhaltsreiches – Sündenbekenntnis ab. Tante und Cousine frohlocken.

Und dann die Hiobsbotschaft. Die Katastrophenmeldung, die all den Messieurs und Damen in den Salons die Sprache verschlägt: Charles de Foucauld ist nicht, wie geplant, ein bißchen fromm geworden, gezähmt zum Ehemann. Im Gegenteil, genauso wie er sich zuvor in die Sexualität gestürzt hat und ins marokkanische Abenteuer, mit der gleichen maßlosen, ungenierten Entdeckerlust stürzt er sich jetzt ins Abenteuer der Religion. Charles de Foucauld wird Mönch.

„Im selben Augenblick", schreibt er später, „in dem ich zum Glauben fand, war mir auch klar, daß ich für nichts anderes mehr leben konnte als für Gott." Und: „Warum ich Mönch geworden bin? Aus Liebe. Aus lauter Liebe."

1890, mit 32 Jahren, tritt er in den Trappisten-Orden ein. Aus Neigung zur arabischen Welt wählt er die Abtei Akbès in Syrien. Er bekommt einen neuen Namen. „Unser neuer Bruder Maria-Alberich", schreibt der Vater Abt, „wandelt unter uns wie ein Engel."

Daheim in Paris schüttelt Tante Inès nur den Kopf. Hat sie ihn nicht aus der Schule fliegen sehen und aus der Armee? Tante Inès ahnt, gleich wird es Ärger geben mit Bruder Maria-Alberich.

Es ist freilich nicht der Ärger, auf den alle Spötter in den Pariser Salons spekulieren. „Die Keuschheit", berichtet Frankreichs erfahrenster Mönch, „ist mir eine Annehmlichkeit." Etwas anderes stört ihn bei den Trappisten so, daß er sich nach wenigen Monaten beim Abt bitter beklagt: Bruder Maria-Alberich findet das Klosterleben viel zuwenig streng.

Um zu ermessen, was für eine Frechheit diese Beschwerde ist, muß man wissen, daß Foucauld in den strengsten Orden der katholischen Kirche eingetreten ist: Aufstehen um zwei Uhr früh, dann abwechselnd Chorgesang und Feldarbeit bis abends um sieben. Eine einzige volle Mahlzeit am Tag, bestehend aus Suppe, Brot und Gemüse. Kein Fleisch, kein Fisch, kein Ei. Strengstes Redeverbot. Und jeden Freitag Geißelung zum Gesang des Buß-Psalms „Miserere" (das ist ein sehr langer Psalm). Hilft alles nichts: Dem Mann, der einst als junger Offizier den Fuß nicht heben mochte, wenn's aufs Exerzierfeld ging, ist das jetzt alles viel zuwenig streng.

Was meint er damit? Das ist ihm selber jahrelang nicht klar. Aber in seinen Briefen aus dem Kloster zieht er zwei Vergleiche. „Wir sind hier arm bei den Trappisten – aber nicht so arm, wie ich es als Jude in Marokko war." Dann nimmt er an der Beerdigung eines christlichen Arabers teil. Betroffen kommt er zurück: „Was für ein Unterschied zwischen der armseligen Behausung dieses Landarbeiters und unseren klösterlichen Wohnungen!"

Innerhalb des Klosters nochmals Klassengesellschaft. Es gibt da die „Laienbrüder" in braunen Kutten, die draußen ackern, während die „Chormönche" drinnen Latein singen. Foucauld trägt die weiße Kutte eines Chormönchs. Wohl ist ihm dabei nicht: „Wie soll ich erster Klasse leben, wo doch der Gott, den ich liebe, in der letzten Klasse saß?"

Es ist ein protestantischer Irrtum zu glauben, daß es das katholische Milieu gern sieht, wenn einer ins Kloster geht. Größer, als wenn einer eintritt, ist die Peinlichkeit nur, wenn einer wieder herauskommt. Familie de Foucauld nimmt diese Nachricht erschüttert, doch gefaßt entgegen.

Sieben Jahre hat sich Charles als „Bruder Maria-Alberich" gequält. Ein gescheiterter Schüler und Offizier war er schon. Jetzt ist er auch noch ein gescheiterter Mönch. Er ist auch schon fast 40.

Aber das kümmert ihn nicht. Sein Selbstbewußtsein ist grandios. Seine Abenteuerlust ist maßlos. In seinem Herzen ist die Liebe zu Gott gewachsen zur großen Leidenschaft der Heiligen. „Jetzt", schreibt er, „auf ins Unbekannte."

Durchs unbekannte, unerforschte Herz der Wüste Sahara, durch das sagenumwobene Hoggar-Gebirge zieht eine phantastische Karawane. Vorneweg, mit Dolchen behangen und mit Edelsteinen, das Gesicht tief verschleiert, reitet Mussa Ag Amastan, der mächtige „Amenokal" (Oberhäuptling) der Tuareg-Nomaden. Hinter ihm, im elegantesten Uniformrock aus Paris, reitet Major Laperrine, Kommandant des ruhmbedeckten „Kamelreiter-Korps". Und ganz am Schluß der Karawane, hinter dem letzten Kamel, wieselflink zu Fuß im Sand, ein braungebranntes, sehniges, etwas verhutzeltes Männlein, am Gürtel einen Rosenkranz so dick wie ein Seil: Charles de Foucauld ist aufgebrochen zu seinem größten Abenteuer.

„Ich will", notiert er, „wieder erleben, was ich in Marokko erlebt habe, aber diesmal nicht zu meiner eigenen Befriedigung, sondern aus Liebe zu Gott."

Der Anstoß zu der Expedition kam von Laperrine. 1902 hat dieser glänzende Offizier den Süden der Sahara unter französischen Einfluß gebracht, auch das Kernland, das Hoggar-Gebirge. Jetzt überlegt er sich, wie er das schwierige Nomadenvolk der Tua-

Da ist sie selbst, die berühmte Tante Inès, von Ingres gemalt. Ihr Plan, den wilden Neffen Charles mittels Religion zu entmännlichen, scheiterte auf unverhoffte Art

Blick von der Einsiedelei, die
Foucauld sich 1910 hoch auf dem Assekrème (2804 m)
gebaut hat. „Ich kann", schreibt er,
„nicht hinsehen, ohne Gott anzubeten"

Zu gerne stand die fromme Tante selber dem Maler Ingres Modell, der, wie das Bild zeigt, einen ganz ähnlichen erotischen Geschmack hatte wie Charles

reg auf Frankreichs Seite halten kann, ohne es korrupten Beamten und Händlern auszusetzen oder gar dem Gesindel von der Fremdenlegion. Da fällt ihm ein alter Klassenkamerad ein, auf dessen Kosten er einst in jenem Haus der Sünde zu Saumur unvergeßliche Stunden erleben durfte: der Marokko-Held Charles de Foucauld.

Der ist jetzt Mitte 40 und hat, seit er die Kutte auszog, wieder einige sehr fromme, aber auch sehr chaotische Jahre hinter sich. Zuerst ist er als Landstreicher und Gelegenheitsarbeiter durch Palästina gezogen. Hernach hat er sich – überraschend schnell ging das – in Frankreich zum Priester weihen lassen. Seither sitzt er als eine Art Militärkaplan in der Oase Béni-Abbès. Aber die Schweinigeleien der Fremdenlegionäre gehen ihm, der einst an Raffinierteres gewöhnt war, stark auf die Nerven.

Da kommt Laperrine und macht seinem Jugendfreund den Vorschlag, sich im unerforschten Hoggar-Gebirge niederzulassen, mitten unter den Tuareg, siebenhundert Kilometer vom nächsten französischen Posten entfernt: als „Marabut", als weiser und heiliger Einsiedler. Er soll dort sein Vertrauensmann sein, zugleich aber auch ein loyaler Freund und Ratgeber für den Tuareg-Chef Mussa Ag Amastan.

Mussa ist ein leidenschaftlicher Moslem. Laperrine ist überzeugter Atheist. Charles de Foucauld liebt den Gott Jesu Christi. Diese drei Männer werden zusammengehen durch dick und dünn.

Aus Lehm und Schilf baut sich Charles in Tamanrasset eine erste Einsiedelei, dann eine zweite, siebzig Kilometer weiter. Hoch droben auf dem Plateau von Assekrème, auf 2700 Meter Höhe. „Das Panorama vor meiner Hütte", schreibt er nach Paris, „ist unsäglich, es ist unvorstellbar schön. Ich kann nicht hinsehen auf dieses Meer von Gipfeln und von wildzerklüfteten Felsen, ohne Gott anzubeten."

Im Jahre 1904 bricht Foucauld in das noch kaum erforschte Innere der Sahara auf. In Tamanrasset baut er sich eine Schilfrohrhütte. Er wird Freund und Ratgeber der Tuareg-Nomaden

Foucauld mit Ouksem, einem jungen Tuareg. 1916 wird Ouksem den christlichen Einsiedler verraten und gemeinsame Sache mit dessen Mördern machen

Die Landschaft und die Menschen: Unter den Nomaden der Sahara fühlt sich der ruhelose Außenseiter aus Europa zum erstenmal daheim.

Die Tuareg sind nach Sprache und nach Sitte von den Arabern völlig verschieden. Bei ihnen sind es die Männer, die sich schamvoll verschleiern, während die Frauen unverhüllt und ungeniert das Sagen haben. Laperrine schildert die Szene so: „Nichts ist komischer, als Charles de Foucauld thronen zu sehen inmitten eines götterähnlichen Halbkreises von würdigen alten Tuareg-Damen. Während diese ihren Tee schlürfen, Pfeife rauchen und schwatzen, schreibt er unaufhörlich mit."

Zweitausend Seiten umfaßt das „Lexikon der Tuareg-Sprache", das Foucauld ganz allein in seiner winzigen Lehmhütte verfaßt, achthundert Seiten seine fabelhafte „Sammlung von Tuareg-Gedichten". Das sind alles Gedichte, die entweder die Schönheit der Frauen preisen oder die Schönheit der Kamele.

Am meisten Kummer machen ihm die Kamele. Als Marabut, als weiser Einsiedler, hat er nämlich die Streitereien um Kamele zu schlichten. Um Kamele zu streiten ist aber die liebste Beschäftigung der Tuareg. Der Marabut, der morgens um halb vier anfängt mit seinen Gebeten, der nur von Hirsefladen und von Datteln lebt, sinkt abends um halb neun erschöpft zu Boden. Ein Bett hat er nicht.

Sein Freund, der Amenokal Mussa Ag Amastan, wird nach Frankreich eingeladen. Er besucht auch die Foucauldschen Familienschlösser. Erschüttert kommt er zurück: „Ich habe diese Häuser gesehen und diese Gärten. Und du? Du lebst unter uns wie der Letzte der Armen. Warum tust du das?"

Nie hat Charles zu Mussa ein Wort von Jesus gesagt. Nur den Rosenkranz hat er ihn gelehrt. Aber ohne Ave Maria. Zu den kleinen Perlen beten der Mohammedaner und der Katholik gemeinsam: „Ich

Tuareg waren beide: Oben Foucaulds bester Freund, der Häuptling Mussa Ag Amastan, unten sein Mörder, Serni Ag Thora, mit 16 Jahren der jüngste der Bande, die Foucauld 1916 überfiel

Das Gesicht des Mannes, der „allen Menschen Bruder" sein wollte, und der allein in der Wüste starb: Charles de Foucauld als Einsiedler in der Sahara

liebe Gott", zu den großen Perlen: „Ich liebe Gott von ganzem Herzen." Mehr bedarf es zur Heiligkeit nicht.

Warum hat es ihm eigentlich nicht gepaßt, damals bei den Trappisten? Das wird ihm erst jetzt bei den Tuareg richtig klar. Allein in der Sahara entwickelt Charles de Foucauld einen Gedanken, der das ganze Klosterwesen der katholischen Kirche in Frage stellt. Wer teilhaben will am Schicksal des Gekreuzigten, der muß die Welt verlassen: Das war seit dem dritten Jahrhundert die Philosophie des katholischen Mönchtums. Wer teilhaben will am Schicksal des Gekreuzigten, das ist die neue Philosophie von Charles de Foucauld, der muß mitten hinein in die Welt.

Noch das strengste Mönchtum, das der Trappisten – er hatte es selbst erlebt –, war nicht so entbehrungsreich wie jenes erbärmliche Leben, das die Mehrheit der Menschen zu führen gezwungen ist: die Juden in den marokkanischen Gettos, die Landarbeiter in Syrien, die Nomaden in der Wüste.

Um Christus nachzufolgen, genügt es, teilzunehmen am Leben der Benachteiligten. Des ganzen „Bruder-Maria-Alberich"-Theaters bedarf es nicht. So entwickelt Charles de Foucauld, allein unter den mohammedanischen Nomaden in der Sahara, das revolutionäre Konzept eines christlichen Mönchsordens mitten in der Welt. Er nennt ihn die „Kleinen Brüder Jesu".

Sie leben heute als Lumpensammler in Santiago de Chile. Als Fischer in der Bretagne. Als Müllarbeiter in Frankfurt. Als Büroboten in New York. Als Pygmäen unter den Pygmäen in Kamerun. Als Hafenarbeiter in Hamburg. Als Zigeuner in der Lombardei. Als Landarbeiter – auch heute noch – in den Reisfeldern um Hanoi. Als Nomaden in der Sahel-Zone. Als Bergarbeiter in Duisburg.

Solidarität mit den Arbeitern und mit den Randgruppen, ein Leben zu dritt oder viert in Mietwoh-

New York, 58 East 4th Street, Apartment 3D. Hier leben heute drei „Kleine Brüder" von Charles de Foucauld. Sie arbeiten als Boten, Krankenpfleger und Drogenhelfer

Seit 27 Jahren wohnt der „Kleine Bruder" Jean-Marie, heute 72, mit Katze und Esel in Foucaulds Einsiedelei auf dem Assekrème. Zuvor war er Kapitän der Marine

nungen, dazu eine ausgezeichnete Schulung in der Meditation: Das ist der Orden der „Kleinen Brüder" heute.

Zu Lebzeiten freilich findet Charles de Foucauld für sein Mönchtum mitten in der Welt nicht einen einzigen Gefährten. Zuerst schickt er sein Ordens-Projekt dem Vatikan. Er bekommt nicht einmal eine Antwort. Er fährt zu französischen Bischöfen. Sie machen sich nur lustig über ihn. So weit ist der Einsiedler Foucauld in der Sahara seiner Zeit voraus, daß sich erst siebzehn Jahre nach seinem Tod die ersten Jünger für sein Lebensideal zusammenfinden.

Es gibt Augenblicke der religiösen Vereinsamung, in denen Charles de Foucauld jene trostlose Verzweiflung übermannt, die keinem Heiligen erspart geblieben ist. Er schreibt: „Wenn ich wenigstens fühlen könnte, daß Gott mich liebt. Aber er sagt es mir nie."

1. Dezember 1916: In Europa tobt der Weltkrieg. Frankreich hat fast alle Truppen aus Algerien abgezogen. Laperrine kämpft in Lothringen. Charles de Foucauld ist in Tamanrasset allein.

Um sieben Uhr abends betet er vor dem Altar. Da kommt von draußen eine Stimme: „Ich bin's, El Madani. Ich bringe die Post." El Madani ist ein freigelassener Negersklave, den Charles gesundgepflegt hat. Ahnungslos streckt er die Hand aus der Tür.

Wie ein Fisch am Angelhaken wird er gepackt, herausgeschleudert, zu Boden geworfen und gefesselt. Wo er sein Gold versteckt habe, wollen die Räuber wissen. „Baghi n'mout", antwortet Charles de Foucauld: „Dies ist meine Todesstunde."

Dann ein Alarmschrei aus der Bande. Am Horizont sind zwei französische Kamelreiter aufgetaucht. In panischer Angst schießt einer der Räuber drauflos. Eine Kugel durchschlägt den Schädel des Marabut. Lautlos sackt er zusammen.

Ein paar Schritte nur von dem Ermordeten, in einer kleinen Blech-Monstranz, die den Räubern so wertlos schien, daß sie sie weggeworfen haben, liegt unversehrt im Sand das Allerheiligste Sakrament.

„Charles de Foucauld hat alle Züge eines genialen Vorläufers", sagt sein bester Kenner und Biograph, der Pariser Psychologe Jean-François Six. „Und zwar nicht nur als Ordens-Stifter, sondern auch als psychologischer Typ. Aus einer bürgerlichen Institution nach der andern ist er ausgebrochen: Schule, Armee und Kloster. Als Außenseiter und Einzelgänger aber war er von fabelhafter Intelligenz, Tapferkeit und Leistungsfähigkeit."

Heiliger Aussteiger Charles de Foucauld, bitte für uns!

Weil Tausende von meditationsbeflissenen Jünglingen ihm in die Wüste nachliefen, gilt der heilige Antonius als „Mönchsvater des Westens“. Dabei wollte er nur allein sein

IX

Antonius
Die Einsamkeit

Der heilige Antonius der Einsiedler – nicht zu verwechseln mit dem heiligen Antonius von Padua –, Antonius der Einsiedler also hatte viel zu leiden unter der neugierigen Zudringlichkeit der Menschen. Und eines Tages seufzte er: „Mir geht es in meiner Einsiedelei wie einem ganz gewöhnlichen Familienvater in seiner Wohnung: Ich bin immer der letzte, der erfährt, was in meinen eigenen vier Wänden los ist."

Antonius der Einsiedler, auch Antonius von Ägypten genannt, ist im Jahre 251 in Kome bei Theben geboren. Aber das Datum ist gleichgültig. Es gehört zum guten Geschmack in der katholischen Kirche, das Geburtsdatum eines Heiligen nicht zu erwähnen. Die Geschichte eines Menschen beginnt ja nicht mit seiner Geburt. Erst in dem Augenblick wird das Leben eines Menschen zur Geschichte, in dem er beschließt, aus seinem Leben etwas zu machen.

Das tut Antonius im Alter von 35 Jahren. Er ist zu diesem Zeitpunkt ein erfolgreicher ägyptischer Geschäftsmann, spezialisiert in der Produktion und im Vertrieb von landwirtschaftlichen Qualitätsprodukten. Aber Gott weiß warum: Seine berufliche Karriere hängt ihm zum Hals heraus. Er ist auch sonst ein erfolgreicher Mann der gehobenen Gesellschaft. Aber Gott weiß warum: Auch in den Schlafzimmern der Frauen beschäftigt Antonius nur ein Gedanke: „Wie komme ich hier wieder raus?"

Aus dem Überdruß, den wir alle empfinden, zieht Antonius als einziger Konsequenzen.

Im Alter von 35 Jahren, so berichtet Athanasius, läßt er alles stehen und liegen, zieht hinaus in die Wüste und ernährt sich von Heuschrecken und wildem Honig.

Das klingt furchterregender als es ist. Einmal sind Heuschrecken und wilder Honig die köstlichsten Delikatessen des Orients. Zum andern ist Ägypten im dritten Jahrhundert ein ganz anderes Land als heute. Kein übervölkertes Armenhaus ist das, sondern der intellektuelle und wirtschaftliche Mittelpunkt der Welt. Und ein Land voller Weite. Nur ein paar Kilometer zieht Antonius hinaus vor seine Vaterstadt El-Wasta am mittleren Nil. In einem kleinen Felsental läßt er sich nieder. Eine Quelle ist da und ein herrenloser Dattelhain, reich genug, um einen ganzen Beduinenstamm zu ernähren. Das Klima ist wunderbar: die Nächte frisch, die Tage wolkenlos.

Da sitzt Antonius unter seinen Palmen, streckt die Füße genüßlich vor sich hin, betrachtet seine Zehen und fängt mit einem Mal wie ein Kind an zu lachen: „Zum Teufel mit der Karriere und dem Sex! Warum bin ich nicht früher auf die Idee gekommen?"

Wie lange hat der heilige Antonius so in seinem Dattelhain bei El-Wasta gesessen und seine Füße betrachtet? Nur ein paar Wochen lang. Dann haben seine alten Freunde herausgefunden, wo er steckt. Und seine Freundinnen. Ein langer Zug von Dromedaren setzt sich nach dem Felsental in Bewegung. Alle wollen wissen, was los ist mit dem heiligen Antonius. Und was ihm fehlt.

Und dann geht die Sensation wie ein Lauffeuer durchs ganze Niltal: In einem Dattelwäldchen bei El-Wasta sitzt einer ganz allein. Und es fehlt ihm überhaupt nichts. Im Gegenteil: Er genießt die göttliche Ruhe. Und er ist glücklich.

Wie es übers Jahr schon in der Einsiedelei des heiligen Antonius zugeht, könnte ich aus den historischen Quellen schildern. Aber ich habe das nicht nötig. Denn ich bin selbst dabeigewesen. In den späten fünfziger Jahren war ich mit ihm befreundet. Zwar nicht mit dem heiligen Antonius, wohl aber mit einem seiner späten Jünger. Das war der gottselige Bruder Alfons von Solothurn. Im Kloster zum Heiligen Hyazinth in Fribourg, wo er gelegentlich verkehrte, habe ich ihn kennengelernt. „Gottseliger Bruder Alfons", sagte ich zu ihm, „wie ich dich beneide um die göttliche Ruhe in deiner Einsiedelei."

„Wenn du wissen willst, wie es zugeht in einer Einsiedelei", antwortete der gottselige Bruder Alfons, „dann komm mich doch ganz einfach am nächsten Sonntag besuchen."

Morgens schon um acht Uhr habe ich an der Einsiedelei in der St.-Verena-Schlucht geklopft. Der gottselige Bruder Alfons öffnete die Tür nur einen Spalt. „Schnell", sagte er, „mach, daß du hereinkommst! Bevor die Leute da sind." Dann hängte er noch rasch eine abgegriffene Tafel vor die Tür „Der Einsiedler ist abwesend" und zog die Vorhänge zu. Und dann ging es auch schon los.

Es war so, als ob ein ungeheurer menschlicher Bienenschwarm den heiligen Ort selbstgewählter Einsamkeit umsummte. Hinter einem Zipfel des Vorhangs hervor habe ich bis zum frühen Nachmittag über tausend Personen gezählt. „Verstehst du jetzt", flüsterte mir der gottselige Bruder Alfons zu, „was der heilige Athanasius meint, wenn er berichtet, daß Hunderte von Dämonen ständig die Einsiedelei des heiligen Antonius umschwirrten? Das waren keine Dämonen. Das waren lauter fromme Pilger. Aber sag mir, wieviel Uhr ist es eigentlich?" – „Es ist halb vier, gottseliger Bruder Alfons." – „Dann", sagte der Einsiedler mit einer Grimasse, „dann kommt jetzt gleich das Schlimmste. Gleich fängt die protestantische Singerei an."

„Laßt den Sonnenschein herein . . .": Das große Musikkorps der solothurnischen Heilsarmee brachte

Die Versuchung des heiligen Antonius (Radierung von Jacques Callot, 1592–1635). In Wirklichkeit wurde der Heilige nicht von Höllengeistern, sondern von frommen Pilgern belästigt

mit Pauken und Trompeten dem Einsiedler ein ökumenisches Ständchen dar.

Nun hat der heilige Antonius im dritten Jahrhundert gelebt. Es gab damals noch keine Heilsarmee. Aber sonst war alles gleich. Aus einer zufälligen Bemerkung des Hieronymus in seiner Biographie des heiligen Hilarion von Gaza ist zu erfahren, daß bald schon in den Dörfern um die Einsiedelei des heiligen Antonius der Verleih von Dromedaren schwunghaft anstieg. Unzählige Menschen aus Theben, aus Alexandrien, ja aus dem fernen Griechenland kommen herbeigeritten, um die Sensation zu erleben: einen Menschen, der fähig ist, einsam zu sein. Und dann, von einem Tag auf den andern, bricht die ganze Touristen-Industrie um die Einsiedelei in sich zusammen. Denn dem heiligen Antonius ist es zuviel geworden. Und er ist spurlos verschwunden.

Auf jenen großen Fresken des Mittelalters, die das Leben des heiligen Antonius schildern, ist jetzt zu sehen, wie der Heilige in einen Sarg flieht und den Deckel über sich sorgfältig schließt. Das ist nichts als frommer Unsinn. Gewiß heißt es in einer mittelalterlichen Übersetzung der alten griechischen Antonius-Biographie des Evagrius: „Ad sepulcra secessit – er hat sich zu den Gräbern zurückgezogen." Aber das sind nicht unsere heutigen Sarggräber. In der Nähe von Theben gibt es heute noch ein Gebirge zu sehen, das sich von ferne ausnimmt wie eine riesige Bienenwabe: Der ganze Berg ist durchlöchert mit zahllosen Felswohnungen. Das sind alte Felsenfriedhöfe aus pharaonischer Zeit, und entsprechend den altägyptischen Vorstellungen vom Leben nach dem Tod ist jedes Felsengrab für sich eine geräumige Wohnung mit mehreren Zimmern.

Herrlich kühl und trocken ist es hier. Glücklich streckt der Heilige seine Füße aus. Er genießt die göttliche Ruhe. Und ernährt sich von Heuschrecken und wildem Honig.

Da! Was ist das? Über seine Füße hinweg blickt der heilige Antonius scharf hinaus in die Wüste: Am Horizont sind ein paar Punkte aufgetaucht. Die Punkte bewegen sich, sie werden größer. Kein Zweifel: Es ist eine ganze Karawane von Dromedaren aus El-Wasta. „Heiliger Strohsack", seufzt der heilige Antonius, „ich bin entdeckt. Jetzt fängt der ganze Rummel von vorne an."

Es wird aber diesmal ein ganz anderer Rummel als in der ersten Einsiedelei. Inzwischen nämlich ist der heilige Antonius zum Gesprächsthema Nummer eins in Alexandrien geworden. Diese ägyptische Stadt am Mittelmeer ist im dritten und vierten Jahrhundert der geistige Mittelpunkt der Welt. Unter den Studenten in Alexandrien ist gerade die Meditation große Mode. Und wie ein Lauffeuer verbreitet sich die Kunde: „Da oben in einer Felshöhle bei Theben sitzt einer ganz allein. Das ist der einzige wahre Meister der Versenkung in sich selbst. Das ist der einzige wahre Meister der Meditation."

Etwa neuntausend meditationshungrige junge Intellektuelle, so schätzen die Historiker, haben den heiligen Antonius in seinem Felsengrab bei Theben umlagert. Und alle, alle drängen sie sich in seine Einsiedelei, vom frühen Morgen bis zum späten Abend, um von ihm die Kunst zu erlernen, sich in sich selber zu versenken. Ganz allein.

Es ist jetzt Zeit für den heiligen Antonius, ein drittes Mal hinauszufliehen in die Wüste. Aber diesmal organisiert er seine Flucht besser. Er weiß jetzt: Ganz allein zu sein, das wird ihm nie gelingen. Er nimmt ein halbes Dutzend Schüler mit, die ihm besonders diskret scheinen. Mit ihnen zieht er eine Woche lang durch die Wüste, bis hin zum Wadi Arabah, schon fast am Roten Meer, zweihundert Kilometer südöstlich von Kairo. In einem Felsental entdeckt er zahlreiche Quellen und einen Dattelhain. Hier läßt er seine Schüler zurück. Er selber

Gar einsam sind oft Maler vor der Staffelei. Auch David Teniers (1610–1690) fühlte sich deshalb den „Versuchungen des heiligen Antonius" ausgesetzt

steigt weiter durch die Felsen empor bis zur Kuppe des Berges Galala. Hier, in einer sieben Meter tiefen Höhle, läßt er sich nieder. Glücklich streckt er seine Füße aus. Er genießt die göttliche Ruhe. Und über seine Zehen hinweg läßt er den Blick schweifen in eine Landschaft von atemberaubender Schönheit.

Unten im Dattelhain sind seine Jünger derweil voll damit beschäftigt, unerwünschte Besucher festzuhalten. Nicht, daß sie die Leute wegschicken. Das wäre unchristlich. Drei Tage und drei Nächte sind die Leute schließlich vom Niltal her in langen Karawanen bis zur Einsiedelei gezogen. Sie sind erschöpft. Sie brauchen Trost. Sie brauchen Rat. „Gedulden Sie sich doch ein bißchen", sagen die Jünger, „der heilige Antonius wird gleich kommen."

Und er kommt wirklich. Jeden Nachmittag steigt Antonius aus seiner Gipfelhöhle hinab in die Oase und gibt Sprechstunde. Von vier Uhr bis Sonnenuntergang. Er tröstet die Deprimierten, er richtet die Verzweifelten wieder auf, er gibt Ratschläge für die Karriere, er gibt Ratschläge für die Liebe. Und alle, alle hängen sie an seinen Lippen, alle wollen sie teilhaben an der inneren Ruhe dieses Mannes, der die einsame Kunst beherrscht, mit sich selber fertig zu werden.

Neunzig Jahre alt ist der heilige Antonius, als er oben in der Einsamkeit der Felsenhöhle zum erstenmal eine Stimme hört: „Ich bin der Gott Abrahams, Isaaks und Jakobs", sagt die Stimme. „Ich bin der Gott Jesu Christi. Antonius, nimm deinen Stock und ziehe ein letztes Mal in die Wüste!"

Dies ist ein großer Augenblick in der Geschichte der Religion: Nach dreitägiger Wanderung durch die Berge am Roten Meer steht Antonius vor einer Quelle. Neben der Quelle ein paar Dattelpalmen, darunter eine Hütte. Und vor der Hütte ein Mann, so alt, daß Antonius, der Neunzigjährige, sich wie ein Jüngling vorkommt.

Eine einsame Künstlerseele war
auch Hans Baldung, genannt Grien, 1481–1545. Hier stellt
er sich eine unberührte Jungfrau vor, die
dem heiligen Antonius von einer Vettel zugeführt wird

Besonders schlimm unter der Einsamkeit gelitten hat Hieronymus Bosch, gestorben 1516. Dies ist seine „Versuchung des heiligen Antonius“ aus dem Prado in Madrid

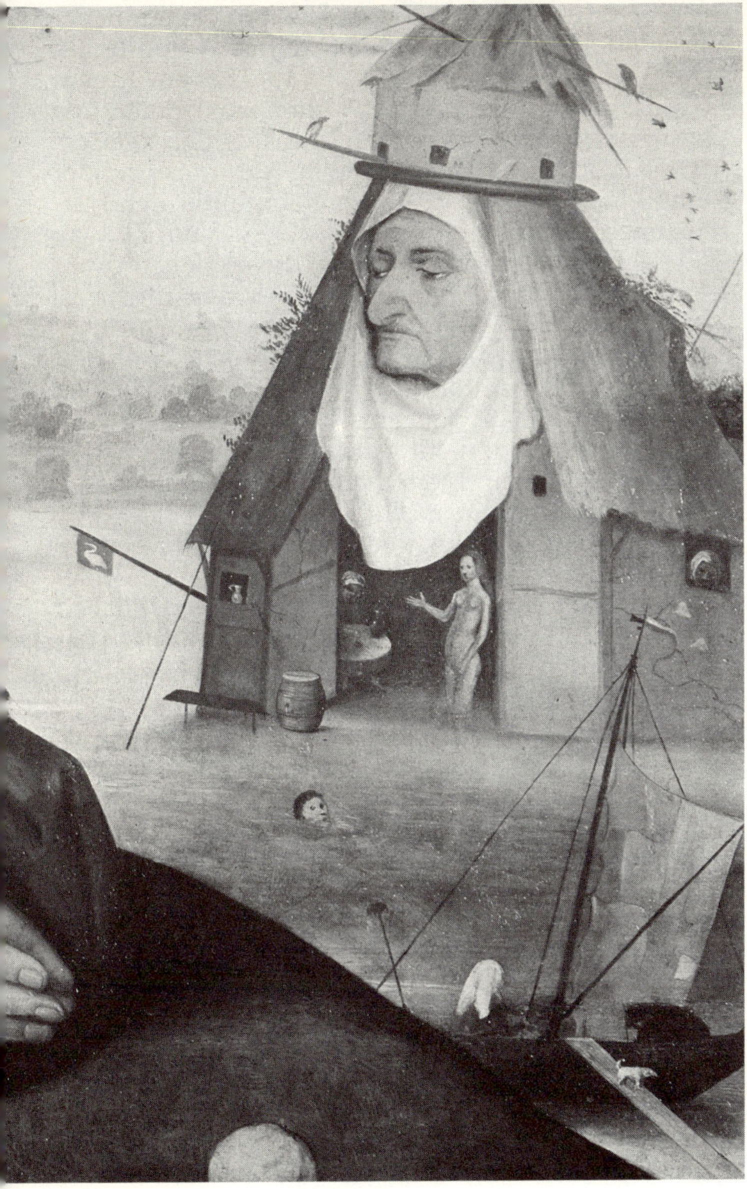

„Wer bist du?" fragt der Alte mit freundlicher Verwunderung. – „Ich bin der heilige Antonius." – „Und ich bin der heilige Paul von Theben. Komm herein, junger Mann. Wir wollen zusammen ein paar Heuschrecken essen und etwas wilden Honig."

Drei Wochen haben der heilige Antonius und der heilige Paul von Theben zusammen unter den Dattelpalmen am Roten Meer gesessen. Von Zeit zu Zeit lächeln sie einander über die Zehen hinweg freundlich an. Und keiner sagt auch nur ein einziges Wort.

Da, am ersten Tag der vierten Woche, räuspert sich der heilige Antonius: „Was ich die ganze Zeit schon sagen wollte: Ich bin jetzt neunzig Jahre alt. Aber das hätte ich nicht gedacht, in meinem Leben noch einmal einem Menschen zu begegnen, dessen Gesellschaft mir Spaß macht."

Da räuspert sich auch der heilige Paul von Theben: „Was ich die ganze Zeit schon sagen wollte: Ich bin jetzt hundertdreizehn Jahre alt. Und seit neunzig Jahren lebe ich hier ganz allein in der Wüste. Sag mir, Antonius, ist in der Zwischenzeit in der Welt irgend etwas passiert?"

Lange überlegt der heilige Antonius. Dann schüttelt er den Kopf: „Nein. Es ist in der Welt überhaupt nichts passiert, worüber zu reden sich lohnen würde." Da räuspert sich der heilige Paul von Theben noch einmal: „Sag mir, Antonius, ist irgend etwas los in unserer Heiligen Katholischen Kirche?"

Und wieder überlegt der heilige Antonius. Dann schüttelt er nochmals den Kopf: „Nein. Es ist absolut nichts los in der katholischen Kirche, worüber zu reden sich lohnen würde."

Da lacht der heilige Paul von Theben: „Hundertdreizehn Jahre bin ich alt. Und habe nichts verpaßt. Ich werde auch nichts mehr verpassen. Komm, ich will sterben. Komm, wir singen zusammen den Psalm ‚Quemadmodum desiderat'."

Antonius von Ägypten und Paul
von Theben begegnen einander. Diese Darstellung von
Matthias Nithart, genannt
Grünewald, ist ein Detail vom Isenheimer Altar in Colmar

„So wie das wilde Tier nach dem Wasser,
So dürstet meine Seele nach dem lebendigen Gott."

Über diesem Vers ist der heilige Paul von Theben gestorben. Antonius hat ihn in aller Ruhe begraben. Dann ist er heimgekehrt in seine eigene Einsiedelei. Noch fünfzehn Jahre lang hat er dort die Betrübten getröstet und die Verzweifelten besänftigt: natürlich immer nur während seiner Sprechstunde, von nachmittags um vier bis Sonnenuntergang. Zuletzt haben ihn zwei Mönche täglich von der Gipfelhöhle herab- und dann nach Sonnenuntergang wieder hinaufgetragen. Dort oben ist er im Jahre 356 im Alter von 105 Jahren gestorben. Seine letzten Worte zu seinen Jüngern waren:

„Begrabt mich bitte an einem Ort, den niemand kennt. Ich möchte wenigstens im Grabe endlich meine Ruhe haben."

Der Autor

Hans Conrad Zander, Jahrgang 1937, stammt aus einer schweizerischen Kaufmanns- und deutschen Beamtenfamilie. Er war Mönch im Dominikaner-Orden, ist bekannt geworden als Autor des Westdeutschen Rundfunks und als Reporter des STERN. Heute lebt er in Köln. Als Buchautor ist er bisher mit historischen Essays („Napoleon in der Badewanne", Olten 1977) und mit Satiren hervorgetreten („Haus Himmelstür", Köln 1981).

Archiv für Kunst und Geschichte 46 o. 50, 83, 191, 208, 226/227, 230, 232/233; Archiv Gerstenberg 58/59, 67 (2), 72/73; Biblioteca Vaticana 169 (2), 170/171 (4), 172 (2); Bildarchiv Foto Marburg 237; Bildarchiv Preuß. Kulturbesitz 36 u. 54, 187 o.; Chevalier, Yvonne 104 (2); Herder-Verlag 98/99, 103, 113 o. 143, 152, 165, 176; Kath. Nachrichten Agentur 119, 122, 137, 214; Kinkelin, Joachim 234/235; Kunstbildarchiv Aline Lenz 222; Newberry Library 180/181, 186 (2), 187 u.; Süddeutscher Verlag 22 u.; Ullal, Jay 6; Viollet, Roger H. 116, 146, 147.
Aus Buch „Visage de Thérèse de Lisieux" 108, 113 u., 120, 121, 128/129, 135, 136 o. u. 138, 139, 140/141.
Das Kapitel: „Antonius – Die Einsamkeit" wurde mit freundlicher Genehmigung des Walter Verlags, Olten, Hans Conrad Zanders Buch „Napoleon in der Badewanne" entnommen.